中国最大級の納家営（ナージャーイン）モスク（雲南省通海県納古鎮）

ラマダン明けの祭礼のあとの墓参り（雲南省巍山県東蓮花村）

洪崗子拱北（ゴンベイ）のアマルに集まるムスリム男女（寧夏回族自治区中寧県喊叫水郷）
アマルは亡くなった教主（ムルシド）の命日におこなわれる祭礼。

雲南省巍山県小圍埂の女学　「学ぶことはアッラーがムスリムとムスリマに与えた使命」（ハディース）と書かれた教室でクルアーンを詠唱する。

精神を集中させてクルアーンをおぼえる女学の学生（銀川アラビア語学校）

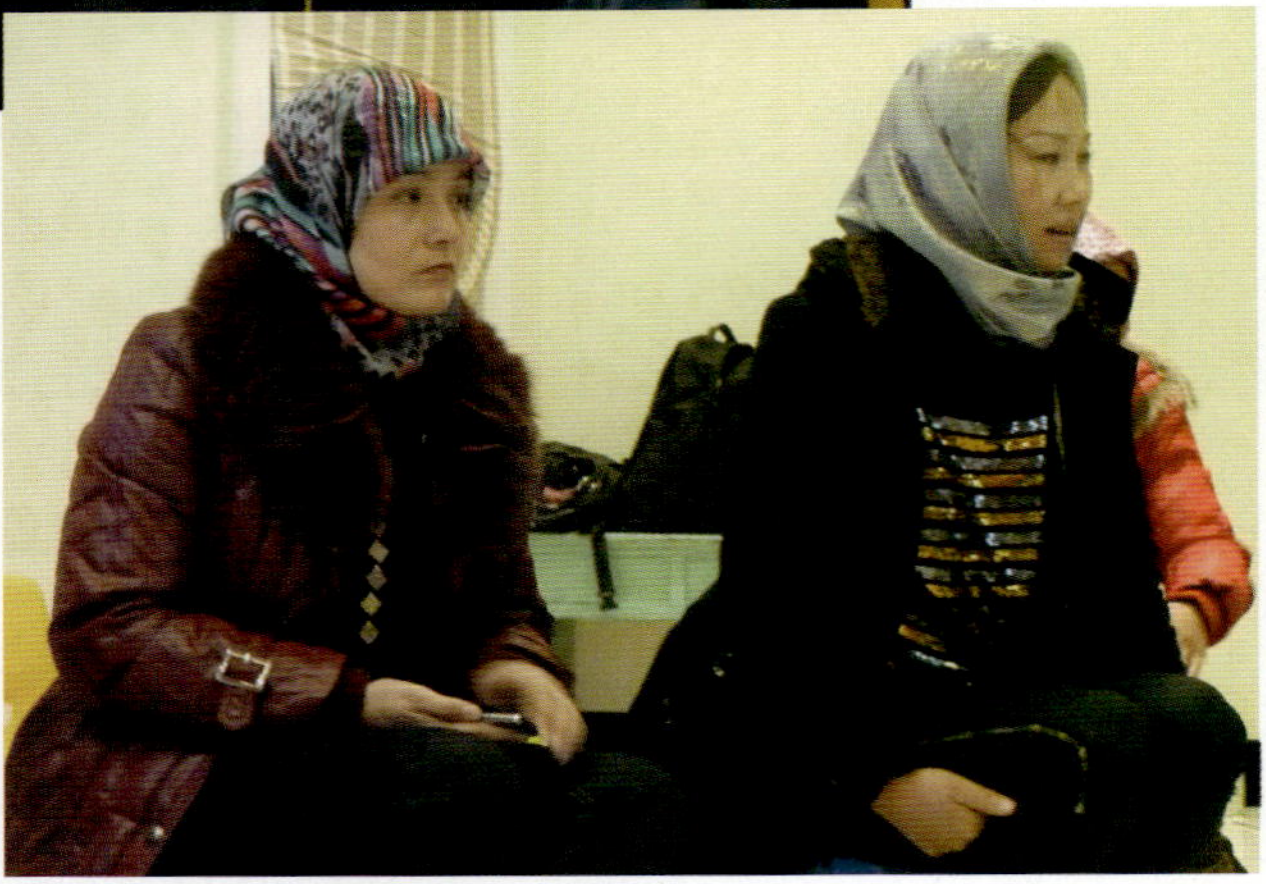

浙江省義烏市で働く西北出身の
女性アラビア語通訳たち

イスラームを知る

7

イスラームへの回帰

中国のムスリマたち

Matsumoto Masumi

松本ますみ

イスラームへの回帰　中国のムスリマたち　目次

監修：NIHU（人間文化研究機構）プログラム　イスラーム地域研究

義烏・広州の経済発展とイスラーム

中国浙江省義烏《イウ》市。上海からCHRという日本の新幹線の方式を取り入れた特急電車で約二時間で到着する。人口一六六万(二〇〇七年)で中国では中規模都市に分類されるであろう。もともとこの土地に住んでいた人は六六万だが、約一〇〇万が外からこの一〇年以内に移り住んできたという新興都市である。そのうち、二〇万が流動人口、すなわち農村からの出稼ぎである。義烏といってもピンとこない読者もいるかもしれない。二十一世紀にはいってから急速に経済発展の進む都市で、日本では「一〇〇円ショップのふるさと」、として知られている。

しかし、何も一〇〇円ショップ向けのものだけをあつかっているわけではない。街全体が全世界向け輸出品の卸売見本市というおもむきで、電化製品、携帯電話の部品、トイレタリー用品、ペット用品、アクセサリー、おもちゃ、ぬいぐるみ、電灯、額縁、絵画、陶器、敷物、建材、服、靴など、およそ人の現代的生活に必要とされるであろう、ありとあらゆるものがあふれ返っている。中国語ではこれ

▲義烏市

らを小商品と総称している。なかでも有名なのが世界一の規模を誇る福田市場《フーティエンシーチャン》で、街の北東部に広大な面積を占めて鎮座している。その広さたるや全部を見てまわるには数年かかるのではないか、ともいわれる。まさに訪れるものの度肝をぬく巨大な卸売市場である。

韓国、アメリカ、日本などの中小の商社がここに拠をかまえているが、中国人経営の商社も数多い。その点では上海や広州、深圳などと共通である。しかし、この街には他の都市ではみられない光景がある。一見してそれとわかる豊かな髭を蓄えた彫りの深い顔つきの男たちや、フランス語とアラビア語を話すブラック・アフリカンの男たちなど、多くの中東、北アフリカからのアラビア語を母語とするムスリム商人たちが闊歩《かっぽ》しているのだ。

アラブ料理を楽しめるレストランも他の都市に比べると格段に多く目につく。アラビア語、英語、中国語の三カ国語で書かれたメニューにはケバーブ、フンモスに甘い紅茶といったアラブ料理が並び、テレビからは中東発のアラビア語ドラマが流れる。にもかかわらず価格と量はあくまでも中国価格である。「ハラール[1]、安い、うまい、満腹、便利、中国語不要」とくれば、中東からのムスリム商人たちもご満悦だ。彼らはまるで自国にいるようにアラビア語を話し、アラブ・中東料理を楽しみ、商売をしている。ムスリム商人の出身地は国籍でいえば、パキスタン、ヨルダン、サウジアラビア、イラン、イラク、パレスチナ、シリア、カザフスタンなどの中東・中央アジアから、マリ、スーダン、アルジェリ

1　イスラーム法にかなった食品，とくに肉類はアッラーの名によってほふられ，血抜きされたものを指す。

ア、モロッコ、モーリタニア、チュニジア、リビアといった北アフリカにまで広がっている。義烏のムスリム人口は外国籍と中国籍合わせて二万以上、と公式報告も記している。一〇数年前まではこの地にはムスリムはほとんどおらず、モスクもなかったにもかかわらずである。

歴史書によれば、唐の時代にムスリム商人が中東からやってきて広州に居をかまえた。かつて中東からのムスリム商人の居住地域は「蕃坊《ばんぼう》」と呼ばれたが、義烏はいまや現代中国の「蕃坊」との異名をとっている。

同様に中東出身の商人が多く居住しているのは、かつて「蕃坊」が存在した広東省広州市で、高層ビルがひしめく中国でも有数の豊かさを誇る人口約一〇〇〇万の大都市だ。各種の国際見本市で世界中から人が集まるこの都市の北部にも、アラブ商人が集まる一角がある。中国では一般にシシカバブ（羊肉の串焼き）を露天の屋台で売っているのはウイグル人と相場が決まっているが、二〇〇八年末にこの一角を訪れたとき、街角でシシカバブを焼いているのはエジプト人だった。コンビニで出会ったのはブラック・アフリカンの女性で交わされる言葉もアラビア語、フランス語、英語、それに片言の中国語（普通話《プートンホァ》と広東話）とグローバルだ。

中国が世界の工場と呼ばれて久しい。いまや中国は世界一の外貨準備高をもつ

▲広州のアラブ人向けのカフェテリア

国となった。日本を抜き、GDPでアメリカについで世界第二位の経済大国となる日も間近といわれている。それは中国が世界中から人を集める求心力をもっていることも示している。

さて義烏、広州というこれらの都市になぜ中東から商人が集まるのか？それは中東商人を集める諸条件が揃っているからである。キーワードはアラビア語とイスラームである。これら二つの都市にはリーズナブルな給与で働く優秀なアラビア語通訳が六〇〇〇人以上いて、中東、北アフリカからの商人たちはみな母語のアラビア語で仕事ができる。さらには、ハラールフード（清真菜）を出すレストラン（清真餐庁）が多数立ち並び、複数の大小の礼拝所とともに立派なモスク（清真寺）まである。そこでは毎日礼拝がおこなわれるとともに、イード・ル・フェトル（ラマダン月明けの祭典）やイード・ル・アドハー（犠牲祭。中国ではゴルバン節という）などイスラームの祭りが盛大に執りおこなわれる。モスクや礼拝所は世界中から異国の都市に集まってきたムスリム移民の心の拠り所となるとともに情報交流の場となっている。さらには中国国籍のムスリムのモスク管理委員会役員が流《りゅう》暢《ちょう》なアラビア語を使って冠婚葬祭や商売のトラブル処理に奔走してくれる。

▶義烏市清真大寺のイスラームの祭
ゴルバン節

日本の場合、アラビア語の通訳は外国語大学のアラビア語科の卒業生か中東諸国留学経験者、もしくは中東から日本に留学などを期に移り住んだ人たちで、いずれにしても英語などの通訳に比べると絶対数が少なく貴重な人材というイメージであろう。しかし中国は違う。アラビア語通訳ができる人材はいまや数千とも数万ともいわれる。私が義烏、広州で出会った男女の中国人通訳たちは驚くほどよどみのないアラビア語をあやつりながらビジネスに励んでいた。

中国人アラビア語通訳のほとんどは回族の「高給」出稼ぎ労働者で、年齢は十九歳ぐらいから四十数歳、一番多い年齢層が二十五、六歳と若い。そのなかからは出稼ぎ状態から脱し、日本円で一〇〇〇万円をこえるマンションを購入して都市戸籍を取得した新富裕層も出現している。また、事業を起こし、いまや日本円で年商数億円という急成長をとげた会社社長もいる。

二〇〇七年末、二〇〇八年末と二〇〇九年末、私は共同研究者の新保敦子とともに義烏と広州で二〇人をこえるアラビア語通訳と会い、インタビューすることができた。そこで明らかになったのは、グローバリゼーションの波に棹差しながら、アラビア語という特殊言語を「武器」とし、篤いイスラーム信仰で世界中からきたムスリムとの信頼を獲得し結束しながら自信をつけ自立する、かつての中国西北《シーベイ》貧困層出身の中国ムスリム(回族)の若者たちの「今」であった。

彼ら／彼女らはほとんどがアラビア語とイスラームを教えるイスラーム宗教学校、アラビア語でいうマドラサ（クルアーン〈コーラン〉学校）、中国語でいう中阿学校／中阿女学の卒業生たちである。イスラーム化とグローバリゼーションは急速な市場経済化にともなう経済成長の真只中の中国を確実に巻き込んでいる。寧夏回族自治区のイスラーム宗教学校はいまや、アラビア語通訳や中東専門商社マン／ウーマンの育成機関となり、通訳育成は寧夏農村の貧困脱出のための一大「ブランド」産業となっている。[2]

では、そのイスラーム宗教学校のある彼ら／彼女らのふるさと西北はどうなっているのだろうか。訪れてみてまず目を引くのが豪華絢爛《けんらん》なモスク、聖者廟拱北《ゴンベイ》がどのムスリム居住地域にもそびえ立っていることである。例えば、数年前に完成した雲南省の、ムスリム人口が一万足らずの納古鎮《ナーグー》にある納家営《ナージャーイン》モスクは三〇〇〇万元（日本円で四億五〇〇〇万円）をかけた中国一巨大なものだ。内部は一〇〇〇人はゆうに礼拝できるかという広さである。これはほんの一例で、西北のどんな寒村にいってもピカピカの新築モスクや拱北を見ることができる。ムスリムたちはどんなに貧しくてもモスクにだけは寄進を欠かさない。モスクのいくつかは付属施設としてイスラーム宗教学校をもっている。さきほどあげた義烏、広州の通訳はこのような環境で育成された。

2　寧夏同心県出身の2007年のアラビア語通訳は合わせて3500人以上。全県労働輸出総数7万9600人の4.5％である。ところが，彼らの収入は5000万元以上で，全県労働総収入2.61億元の21％も占める（金忠傑 2009）。

本書ではとくに、女性のためのイスラーム宗教学校(本書では「女学」と略す)とそこに集うムスリム女性たち(ムスリマ。アラビア語でムスリムの女性形)に注目して、現代中国におけるイスラームへの回帰現象と、女性の能力開化、自信回復・自立について考えていくことにする。女学は誰がどのような動機でつくったのか。公立学校とはどう違うのか。なぜ女性たちは女学を選んだのか。彼女たちはなぜイスラーム信仰を心の拠り所にしているのか。なぜ彼女たちはヴェールをかぶっているのか。現政権の政策との矛盾点はあるのかないのか。また女性たちは女学をどう考え、どう自らの権利拡大に利用しているのだろうか。

これらの疑問については、第3・4章で詳しく述べていくことにする。第1章と2章は第3・4章の理解を助けるために、現代中国の民族政策、

▲雲南省の納家営モスク

▶甘粛省広河県のモスク

宗教政策、教育政策のあらましとその問題点について述べたい。どのような状況のもとに中国のイスラームとムスリム・ムスリマがおかれているのかを浮き彫りにするためである。現代中国のイスラームへの回帰現象にのみ興味がある読者は、第3章以降から読んでいただいてもかまわない。

第1章　中国の民族政策とイスラーム政策

現代中国の民族・宗教問題

私が「中国の民族・宗教問題を研究している」「毎年寧夏、甘粛、青海といった西北《シーベイ》に調査旅行に行っている」というと、中国人（ほとんどが漢族）のうち八〜九割までが「それはデリケートな問題ですねえ」と判で押したように答える。言外には「よくもまあ」というニュアンスを含みながらである。ずけずけいう人であれば「松本さん、そんなテーマなんてそろそろやめて上海の近代史研究にでも本腰をいれなさいよ。大体、沙漠ばかりの貧しい西北の研究なんかして何かいいことでもあるんですか」とご親切にも忠告してくれる。

もちろん、中国の人びとのこのような一般的反応の裏には、社会主義の建前にもかかわらず政府が長年かけても解決できず、それどころか最近になって一段と矛盾が拡大してきた農村—都市の格差問題、都会在住者の地方出身者に対するあいも変わらぬ蔑視観、歴代の施政者たちがつくってきた中華思想や公的歴史観、集団的記憶への迎合などがあるのだろう。しかし、最大の原因は、チベット自治区のチベット族、新疆ウイグル自治区のウイグル族、内モンゴル自治区のモンゴル族など、他の大国と国境を接し、中国に愛国心をもたないかもしれない宗教、文化や言語の異なる民族にどう対処するかという困難な政治課題にある。

二〇〇八年のチベット騒乱、二〇〇九年七月のウイグル騒乱とこれら民族と宗教の動向は国際的にも注目されつづけている。世界最大の人口と世界第四位の面積をもつ大国という点のみならず、外交面、経済面などの点で名実ともに世界の大国としてアメリカと並び存在感を強めつつあるのが現代中国である。その政府にとっても民族問題は眼中の釘で、建国六〇年たっても完遂できない国民統合の困難さをはしなくもさらけ出している。

それだけに、中国政府は国際社会からの非難が集中しないように、さらにはあまり締め付けすぎて民心が離反しないようにバランスをとりながら、細心の注意をはらって民族・宗教政策をおこなっている。かといって、社会主義体制を堅持している以上、その無神論の原則からいっても宗教にかんしては限りなく寛容な態度をとるわけにもいかない。以下ではまず、中国の民族と宗教政策についての概略を記していくことにする。

イスラームを信じる人びと

「中国は五六の民族からなる多民族国家である」。中国で教育やメディアの宣伝によって広く浸透し定着しているこの表現を使えば、中国は漢族一一億三七〇〇万、五五の少数民族の合計一億四四九万、計約一三億の人口をかかえる多民族の国家である(二〇〇〇年の第五次人口センサス)。少数民族のうち、イスラームを信奉する民族は一〇。最大が約九八一万六〇〇〇の人口を擁する回族、ついで八三九万九〇〇〇のウイグル族、一二五万のカザフ族、五一万の東郷《トンシャン》族、一六万のキルギス族、一〇万のサラール族、一万のウズベク族、一万の保安族、それからタジク族、タタール族とつづく。最近では、回族人口が一〇〇〇万をこえた、という報道もある。

しかし、これは、民族と宗教が一体化した民族の統計である。モンゴル語を話すのはモンゴル族、チベット語を話すのはチベット族であると一般には理解されているかもしれないが、モンゴル族やチベット族と公式に認定されている人びとのなかにも、自分たちは先祖伝来のムスリムだ、と誇らしげに語る人たちもいる。しかし、そのような人びとについての公式の人口統計はない。さらには、漢族や他の少数民族でもともと別の宗教を信じていたり、無神論者であったりしていても、結婚や自発的改宗によってイスラームに帰依する人びともいる。このような「新ムスリム」の公式統計もない。しかし、外国からのムスリムがビジネスなどで中国に移住してきたり、中国のムスリム少数民族が農村から都市に移ったりすることによって漢族との接触が頻繁になり、その結果、イスラームに改宗した「新ムスリム」は確実にふえている。

「回族」の形成史

イスラームがはじめて中国に伝わったのは唐代である。東西貿易の国際港広東《カントン》（現在の広州）や福建の泉州には「蕃坊」といわれる中東から通商でやってきた外国人ムスリム移民の居住地があった。唐代にアラビアは「大食国《タージ》」といわれていた。広州にはアブー・ワッカースというイスラームを初期に中国に伝えたとされる人物の廟（マザール）も残っている。東洋史の泰斗桑原隲蔵《くわばらじつぞう》が明らかにしたように、南宋から元の時代に広東と泉州で活躍し、巨万の富を蓄え、当時の地方財政をも支えたという蒲壽庚（日本語読みで「ほじゅこう」。蒲はＡｂûの音をあてたものか）一族も外国からやってきたムスリム商人だった。

しかし、もっとも大規模かつ集中的に中国全土にイスラームが広がるのはモンゴルの時代のことである。ユーラシアを東西につないだモンゴル帝国の時代、中央アジアから元朝期の中国に移民が大量に移り住んだ。色目人と呼ばれた彼らは技術者、

▲アブー・ワッカースの廟（広州市）

職業軍人、官僚、そして屯田兵などになり、モンゴル人につぐ社会的地位を獲得していた。現在の回族にも祖先が西域、すなわち中央アジア出身であることを族譜をつくって明らかにし、誇りにしているものが多い。

長いあいだ、漢族女性との通婚を繰り返してきたせいで、外見からは一見して漢族との見分けがつかない人が多いが、その一方で、碧眼《へきがん》で濃いあごひげ、高い鼻、白い皮膚というエキゾチックな西域人風の顔つきの回族の人びともみられる。彼ら／彼女らの先祖は中国に移住して以来の長い歴史のなかでも、イスラームの信仰と習慣を捨てず、それが連綿と現在までつづいている。彼らの先祖がもたらした天文学や天文観測機器、建築技術、医学、薬学などは中国社会にも定着・浸透した。「回」という呼称が定着したのは十五世紀以降のことだといわれるが、そのほか、「回民」や「回回」という呼称も使われた。

中国のイスラーム思想として主流をなしたのはゲディム（アラビア語で「古い」という意味）とも呼ばれる老教である[1]。この宗派はクルアーンのほかにスーフィー系統の書物を経《ジン》堂《タン》と呼ばれたマドラサで必修科目として教えていた。それらはアラビア語とペルシア語の著作で、一部には漢語訳もある[2]。

その思想は十三世紀以降、西アジア・中央アジア・インドから東南アジアまで広大な地域を風靡した存在一性論《ワフダ・アル・ウジュード》であった。この思想はあらゆる現象、存在者が唯一の真実在者で

1　これは伝えられた時期が古い宗派という意味である。

2　ナフス・ウマル・ナサフィーの「アカーイド」，ダヤ・ラーズィーの「ミルサード・アル・イバド」，アブドゥル・ラフマン・ジャーミーの「アシュアト・アル・ラマーアート」，サアディーの「ゴレスターン」など。

あるアッラーによって生み出されていることを証明しようとする高度な形而上学である。この存在一性論的イスラーム世界観を儒学用語、とくに朱子学用語であらわして漢語文献にした高名な知識人に王岱輿、劉智、馬徳新などがいて、彼らの漢語書籍は「漢キターブ」(「キターブ」とはアラビア語で「書」という意味)と呼ばれる。スーフィー系統の学統をとおしてユーラシアのイスラーム世界が一体化していたのみならず、イスラーム思想が各地でその地の文化を取り込みつつ独自の発展をとげたことを示す証拠の一つでもある。

また、清代中期になると中央アジア経由でスーフィー実践をおこなうナクシュバンディー派の別の分派が伝わり、「門宦《メンファン》」と呼ばれるスーフィー集団がいくつか形成された。そのなかのジャフリーヤ派はたび重なる叛乱を繰り返し、弾圧された。いわゆる回民起義《かいみんきぎ》である。

中華民国時代になると、中国の主権領域内に住むムスリムを「回族」と呼び、国家のなかで政治的存在として認めさせるという運動(イスラーム新文化運動)が沿海部の漢語を母語とするムスリム知識人を中心に澎湃《ほうはい》として沸き起こった。そのときは、現在のウイグル族やサラール族などイスラームを信仰するトルコ語系統の言語を母語とする民族集団もひっくるめて回族と呼ぼうという動きだった。紆余曲折の結果、漢語を母語とするムスリムにのみ「回族」地位を認めたのが中国共産党であった。

宗教的エスニシティ——回族

現在回族と分類されている人びとの母語は漢語である。他のほとんどの中国少数民族が自言語をもつことによって民族認定をされていることからいえば、回族はイスラームという宗教によって漢族と区別される例外的な「民族」であるといえる。キリスト教を信仰するものを「キリスト教族」とは呼ばず、仏教徒を「仏教族」と呼ばないことからいっても、その特異性が際立つ。さらには、イスラームを信仰する他の民族が新疆ウイグル自治区や甘粛、青海など中国西部で集居するある一定の地域をもつのに対して、回族は、北は黒龍江から南は海南島まで、西は新疆から東は山東まで全国に散らばり、多くが漢族など他民族と隣接して居住しているというのも特徴的である。

中国のイスラームというと、西側メディアでは独立運動やテロリズムとの関連の嫌疑から新疆ウイグル自治区のイスラームがクローズアップされ報道される傾向がある。また、ダライラ

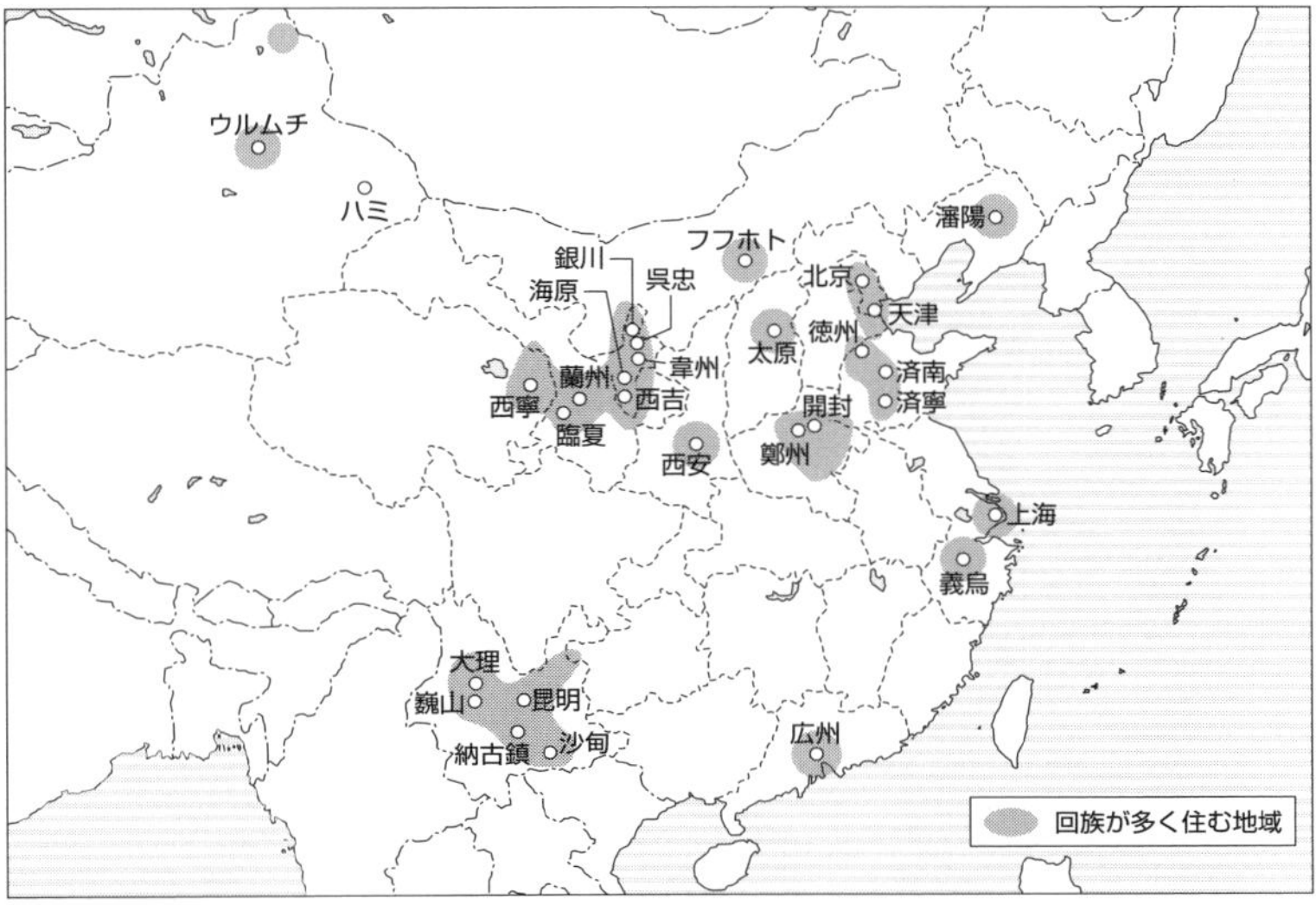

▲回族の居住地域

マとの長年にわたる確執やヴァティカンとの断絶、さらには法輪功《ほうりんこう》など「邪教」と認定された宗教団体の問題が取り沙汰される。「中国では少数民族が弾圧され、信教の自由がなく、人権が蹂躙《じゅうりん》されている」という西側報道も目につく。

これらの言説や報道についてはある一定の留保が必要であろう。まず、イスラーム＝ウイグル＝東トルキスタン分離独立運動という等式はあまり意味をなさない。一億人を数える少数民族全体が弾圧されているわけでもない。また、信教の自由にしても、日本のように言論・信教・集会の自由が保障された民主主義体制下での自由という意味ではなく、社会主義を原則とする権威主義的国家体制をとる政府組織の管理下におかれたうえでの制限つき自由であることは留意しておくべきであろう。

二〇〇〇年の公式統計によるとイスラームを信じる少数民族は約二〇〇〇万人、全国のモスクの数は三万五〇〇〇、阿訇《アホン》(宗教指導者。ペルシア語の akhond からの派生語)、モッラーやハリーファと呼ばれる宗教学生を含めたイスラーム関係者が四万五〇〇〇人という数字もある。ムスリム五七〇人あたり一つのモスク、四四四人に一人が宗教関係者という計算である。単純な比較はできないが日本では仏教寺院が全国で六万一五八三カ所。人口一億三〇〇〇万として日本人二一一三人あたり一軒であるから、いかに中国ムスリム居住地域にモスクが多いかがよくわかるだろう。イスラームの宗教活動と教育がとくに盛んなのは、回族居住地域においてである。なかでも、宗教教育機関は民間経営のものだけをみれば西北が圧倒的に多い。

全国のイスラームを統括する組織、中国イスラーム教協会は中国共産党の指導を受け、愛国主義的教義を堅持している。換言すれば、中国イスラーム界は現在の政治体制を支持し、分離主義断固反対の態度を明確にしている。誤解を恐れずにいえば、イスラーム宗教指導者が体制寄りの教義内容を絶えずアップデートしつづけているからこそ、ムスリムは施政者側＝無神論者の漢族幹部からも信頼を勝ちえ、宗教的実践を「許可」されているともいえる。もちろん、ここに回族はもちろん、イスラームを信仰する諸エスニック集団内部で水面下のさまざまな軋轢《あつれき》や矛盾があることは否定できない。

ここで中華人民共和国憲法の宗教に関連する条項をあげておく。

第三六条　中華人民共和国の公民は、宗教信仰の自由を有する。いかなる国家機関、社会団体または個人も、公民に宗教を信仰すること、または宗教を信仰しないことを強制してはならず、宗教を信仰する公民と宗教を信仰しない公民を差別してはならない。

国家は正常な宗教活動を保護する。何人も、宗教を利用して社会秩序を破壊したり、公民の身体・健康に害を与えたり、あるいは国家の教育制度を妨害したりする活動をおこなってはならない。宗教団体及び宗教事務は、外国勢力の支配を受けない。

この条項は社会主義国家の性格上、世俗主義の立場を堅持し、無神論者を擁護する内容になっている。「正常な宗教活動」であれば保護の対象だが、正常でない場合は違法行為となる。例えば、分離主義運動を助長したり、宗教間・宗派間で中傷しあったり、党や国家体制への批判を公然とすることは「正常でない」宗教行為とされる。教育制度にかんしていえば、中国の公教育はすべて世俗教育(非宗教の学校教育)である。私立学校はあるが、カリキュラムはすべて公立学校のそれに準じている。さらには、共産党幹部はごく少数の例外を除いて宗教活動に従事してはならないという規定もある。

また、条項の最後にある「外国勢力の支配を受けない」という条項は、とくに近代以降、キリスト教布教と帝国主義とが連関していたという歴史にかんがみてつくられたものである。具体的には宗教指導・伝教は自国民によってのみされ、外国人宣教師は基本的には許可されない。資金提供もいけないということだ。現代においては例えば、「チベット分離主義勢力は外国勢力が裏であやつっている」という中国政府の主張や、イスラーム原理主義勢力の新疆への浸透と「反国家的分裂運動」のリンケージへの嫌疑、それらへの中国政府の長年にわたる激しい反発と宣伝が思い浮かぶだろう。

回族はその性格上、二つのカテゴリーによって国家に管理される存在である。一つは中央統一戦線部の下の民族委員会のもとでの民族政策による管理、もう一つは中央統一戦線部の下の国家宗教事務局のもとでの宗教政策による管理である（二三頁図1参照）。

民族政策のあらまし

まず民族政策について簡単に説明しよう。

中国憲法前文には「統一した多民族国家」という規定がある。その民族政策の根本原則が「民族区域自治」といわれる制度である。世界最大の一三億という人口と五六の民族（漢族＋五五の少数民族）、九五九万六九六〇平方キロという世界四番目の面積を擁する大国は、連邦制を採用せず、統一国家体制をとり、民族認定をされた民族はその集居地において民族区域自治にのっとった自治制度をとることが許可されるということである。

この民族区域自治の原型は抗日戦争期に中国共産党支配下にあった陝甘寧《せんかんねい》辺区（陝西、甘粛、寧夏の辺境にまたがる革命根拠地）で回族が集まって住んでいた地区につくられた回族郷で、その後、国共内戦期の一九四七年に成立した内モンゴル自治区へと発展し制度的確立をみた。四九年の中華人民共和国の成立後には新疆ウイグル自治区（五五年）、寧夏回族自治区（五八年）、広西チワン族自治区（五八年）、チベット自治区（六五年、省級）などがさまざまな政治的意図と動向のなかで続々と誕生するにいたった。

そのほか、省や自治区のなかに、民族州、県、鎮、郷レベルの行政単位が存在する。公式統計によると一五五の自治地方〈省、州〈盟〈アイマク〉〉、県〈旗〈ホショー〉〉レベル〉があり、一億四〇〇〇万の少数民族のうち七〇%が自治地方に住んでいる。また、そのほかに一一七三の民族郷や民族鎮があり、それぞれ地方法規が定められている。

民族自治における民族の権利とは、自治区トップが当該民族幹部であることや、民族幹部の行政機関への優先的登用、さらには言語政策、宗教政策、経済・環境政策などにおいて当該民族にある程度の優遇が保障されることを意味する。これは、憲法にも銘記される民族平等と、反民族差別の原則をより効果的に民族区域自治の行政単位内で保障するということを意味している。

憲法で保証されている民族平等は、五六の民族の「大家庭」「民族団結」を強調する内容となっている。それは中国を「祖国」と考えるように国民を仕向ける愛国主義と分離主義勢力への警戒がセットになっている。

回族の自治区には最大の寧夏回族自治区をはじめとして他の省・自治区のなかの回族自治州、回族自治県、回族〈自治〉郷などがある。

例えば、甘粛省臨夏《リンシア》回族自治州は中国の小メッカともいわれ、人口の約半数は回族である。かつては河州と呼ばれ、シルクロード交易の重要な中継点であった。ここはさまざまなイスラーム教派や門宦《メンファン》の中心地でもあった。今でも数多くの歴史あるモスクや聖者廟拱北《ゴンベイ》が立ち並ぶこの町は、全国から宗教学生を集める、中国でもっともイスラーム教育がさかんな場所の一つでもある。礼拝の時間になると拡声器で人びとに礼拝をうながすアザーンの声が鳴り響く。これは、ムスリムがマイノリティである中国では例外的なことである。対照的に上海の中心部、観光客で賑わう繁華街の豫園近くにある由緒ある福祐路清真寺では、礼拝を知らせるアザーンはモスクのなかでのみ肉声でなされる。

もちろん、中国共産党の主張するような民族自治は少数民族が心から求める自治ではなく、形骸化したものだ、という批判はよく聞かれる。例えば寧夏回族自治区であればトップは回族幹部だが、脇を固めて実質上の実権をふるっているのは漢族であるとか、回族の実態・実情に合った公教育がなされず、漢化への圧力やマルクス主義・市場経済に勝ちぬくための競争主義への傾斜が激しいとか、宗教の本当の自由はない、とか、高等教育機関への進学率が低く、進学率が低いゆえに政府関係機関への就職が不利、などの批判である。

事実そうなのであるが、ただ、イスラームにかんしていえば、民族自治

▲福祐路清真寺

▲「民族団結」の強調(雲南省巍山)

の区域に指定されるとほかの地域よりモスクの建立や宗教学校・学習班の開設許可がえやすかったり、公的領域においても女性のヴェールや男性のムスリム帽がお目こぼしをされたり、女阿訇《アホン》が許可されたり、という優遇措置はある。

管理される宗教──組織を利用した反差別

さて、中国国内のそれぞれの宗教は宗教団体組織をもつ。ここで「宗教」と定義されるのは、いくつかの世界宗教と道教のみであり、それ以外は公認されない。宗教団体はいずれも中国共産党の指導を受ける立場にある。それらは中国仏教協会、中国道教協会、中国イスラーム教協会、中国カトリック愛国会、中国カトリック主教団、中国キリスト教三自愛国運動委員会、中国キリスト教協会といった全国的な宗教組織で、その下には地方宗教団体がある。各宗教団体は宗教指導者を養成する宗教学院や大学をもっている。宗教指導者のなかには党員資格をもつものもいるし、上位の宗教指導者には政治協商会議のメンバーとなっているものも多い。ただし、各種の宗教指導者になるには党の資格試験をパスしなければならない。とくに、分離主義を助長したり、テロリズムを擁護したりするような教義がないか徹底調査される。

イスラームにかんしては教義の内容として、倫理、道徳、存在論のほかに、愛国主義や

3「ワアズ」とはアホン，イマームといった宗教指導者がイスラームの二大祭や金曜礼拝にモスクに集まったムスリムに話す説教で，模範的内容が各種出版されている。

法律遵守（例えば、一人っ子政策、義務教育など）をことさらに強調したクルアーンの解釈を「ワアズ」[3]のなかに織り込むように指導される。

　イスラームの宗教管理のピラミッド状組織は下図のようになる。中国共産党中央委員会国務院の下に中央統一戦線工作部があり、その下に国家宗教事務局と民族委員会がある。その下部組織として中国イスラーム教協会、その下に各省、市、州、県級のイスラーム教協会があり、各清真寺と阿訇《アホン》を統括している。一般のムスリムはその下となる。党の上部組織への登録と管理は定期的におこなわれ、その結果が報告される。例えば、どこのモスクにもプレートが飾られている（二五頁写真参照）。それは、市や省の人民政府、市の宗教事務局や軍、地方イスラーム教協会から贈られた「模範清真寺」「先進集体」「文明宗教活動場所」「紅旗単位」「愛国愛教」「軍民共建先進単位」などといったものである。これらは、そのモスクでは党や国家の方針に忠実に宗教活動がおこなわれているというお墨付きを定期的に与えられているということを意味する。

　このピラミッドでは各地のムスリムはモスクをとおして上層部から下部へと党に管理されるだけでなく、反差別、宗教保護の要求も下から上部機

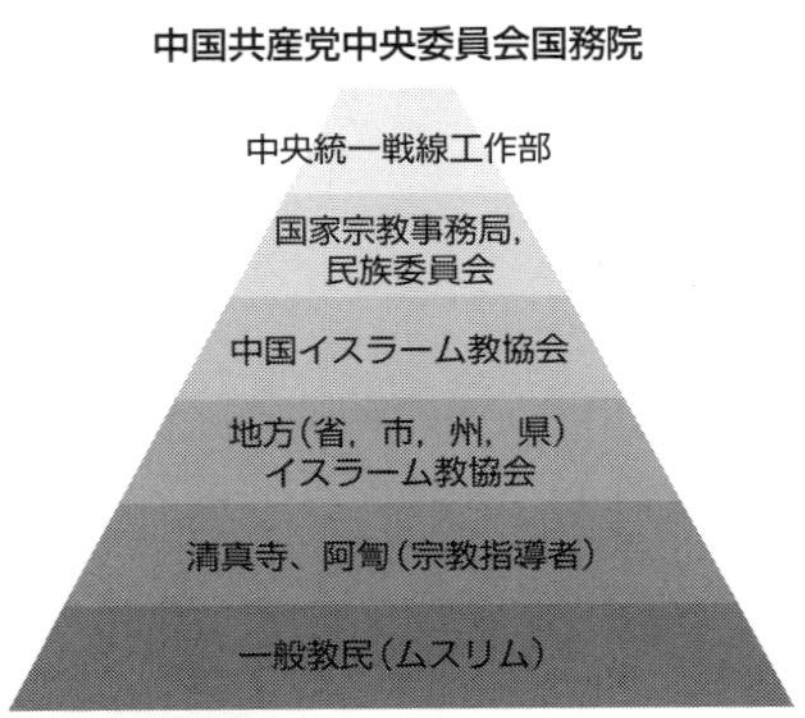

図1　宗教管理組織

関へとあげることができる。例えば、中国では回族はマイノリティであるが、漢族のイスラームや回族に対する無理解や差別はまだまだ解消されてはいない。公教育のカリキュラムでは、イスラーム教義や実践については教育されないことが、根強い差別・無理解の根底にある。例えば、回族が豚肉を食べないことにかんする無知からくる偏見、あるいは九・一一事件以降の欧米メディアに触発された「ムスリムはテロリスト」といういわれのない偏見もみられる。無責任情報を撒き散らしたメディアがムスリムの怒りを買うことがある。いわゆる侮教《ぶきょう》事件である。ムスリムの下からの意見を掬《すく》い上げ、イスラームを侮辱するような記事を載せたメディアの発行禁止処分、発行者の処分や謝罪にまでもっていくのも、この組織を使っておこなわれる。

二〇〇四年に国務院を通過し、二〇〇五年に発効した『宗教事務条例』には、つぎのような条項が書き込まれた。すなわち、宗教活動は県レベルの人民政府にあらかじめ許可を受け登録された宗教活動場所でしかおこなえないこと、宗教学校をつくるときは、省級人

新时期阿訇实用手册

爱国是信仰的一部分

奉普慈特慈的真主之名

"爱国是信仰的一部分"，爱国是伊斯兰教的优良传统，是穆斯林应尽的义务。

一、穆圣爱祖国爱家乡

穆圣不仅努力宣传伊斯兰教，而且教导穆斯林要爱国，他通过自己的言行为广大穆斯林做出了榜样。他爱麦加，爱麦地那，爱阿拉伯半岛。当年，穆圣受到迫害，被迫离开家乡麦加，迁往麦地那。在离开麦加这块养育了自己多年的土地时，穆圣满怀深情地说：

"指主发誓！的确你（麦加）是近主跟前最受喜爱的，也是我最热爱的土地，若不是他们驱逐我，那么，我绝不会离开你。"（艾哈迈德、铁力米兹、奈萨伊、伊本·马哲传自哈姆拉祖赫里）

穆圣曾向真主祈祷：

"主啊！求你使我们的麦地那繁荣吧！主啊！求你使我们丰衣足食吧！主啊！求你把两倍于麦加的吉庆赐予麦地那吧！"

据伊本·欧麦尔传达：我们同穆圣一起旅行，途经一村庄，穆圣欲进入时念三遍："主啊！求你在此地给我们吉祥。主啊！求你赐给我们此地的丰硕果实。求你使我们与善良的村民之间彼此友好。"（塔卜拉尼传自伊本·欧麦尔，见萨伊德·萨比格《伊斯兰教法》）

据阿依舍传达：穆圣每临近一城，欲进入时念："主啊！我向你恳求这里的吉祥与恩泽。我求你护佑，勿使这里遭受害处及各方面的不幸。主啊！求你赐给我们这里果实，求你护佑我们免遭瘟疫。求你使我们与这里的善良者彼此友爱。"（伊本·逊尼传自阿依舍，见散伊德·萨比格《伊斯兰教法》）穆圣对阿拉伯半岛的爱，对半岛各地的祝福溢于言表。我们穆斯林应以穆圣爱祖国爱家乡的光辉榜样时时激励自己。

二、爱国就要讲团结

我们伊斯兰教重视团结，其中包括穆斯林内部的团结和穆斯林与非穆斯林的团结。首先是我们穆斯林内部要团结。清高的真主在《古兰经》中教导我们：

"你们当全体坚持真主的绳索，不要自己分裂。"（3:103）

穆圣也说：

"穆民与穆民，犹如结构严谨的建筑，彼此相联。"（布哈里、穆斯林、铁力米兹传自艾布·穆萨·艾什阿里）但是，一个国家中除了穆斯林外，还有许多非穆斯林，没有与非穆斯林的友好与团结，国家就不会稳定，我们穆斯林也不会幸福；所以，我们伊

▶愛国主義を説く「ワアズ」

民政府の許可をえること、宗教指導者たちは宗教団体の認定を受けて、県レベル以上の人民政府宗教事務部門に届け出て許可をえること、マッカ（メッカ）巡礼は中国イスラーム教協会の組織した旅行旅程に従うこと、などである。

この条例によると路上での宣教活動や許可をえない集会場での宗教活動・教育は非合法とされるし、個人でのマッカ巡礼も非合法となる。宗教指導者の資格も根本的に無神論者であるはずの上部機関幹部の審査をえなければならないなど、かなり管理が厳しくなったことはここからも見て取れる。

▲モスクに掲げられたプレート（済南清真南大寺）

第2章　中国のさいはて西北

イスラームと西北

甘粛、青海、寧夏、陝西といった西北《シーベイ》はかつて人口稠密地帯である沿海部や中華文明の中心地中原からは遠く離れ、またその地味の貧しさから中国で一番開発が遅れた場所とされていた。中華民国時代(一九一二〜四九年)は貧困と軍閥による収奪が日常化し、何よりも中央集権支配権が届きにくい場所でもあった。

当時この地のムスリムのなかには陸路はラクダ、馬やラバ、水路は黄河流域のいかだを使った運送業に携わり、遠くはラサやビルマ(現ミャンマー)まで伸びる商業ルートを掌握していたものもいた。しかし、圧倒的多数は農民であった。この地は春夏秋をつうじてほとんど降雨がなく、冬季に降る雪の雪解け水に農業生産を依存せざるをえなかった。このような過酷な自然条件のもとで、西北のムスリムはあまり漢族社会と接触をもつことなく、独自のムスリム共同体を形成していた。十八世紀と十九世紀、門宦《メンファン》(スーフィー集団)の一つジャフリーヤ派が叛乱を起こしたおりには、他の教派や門宦のムスリムが連帯し清朝勢力に立ち向かうこともあれば、別の一派には清朝側について仲間を「売った」ものもいた。いずれも叛乱勢力は権力側の凄絶な弾圧により殲滅され、かろうじて生き残ったものはさらに地味が薄く雨の降らない不毛の土地に強制移住させられた。

彼ら／彼女らはそれでも信仰を捨てることはなかった。宗教は生活そのものであった。いつ餓死、病死、凍死してもおかしくない極限状況にあった極貧の農民は、心の救済と死後の永遠の命への約束をアッラーへの祈りに求めた。辛く苦しい生活を生き残る彼ら／彼女らのかたわらにいつも信仰はあった。信仰なしではこのように厳しい条件のもとで人は生きられるものではなかったろう。

西北はさまざまなエスニシティの織り成す歴史の厚みと人びとの移動にともなうさまざまな文化の位相の結節点でもあった。この地に住まうモンゴル系の東郷族《トンシャン》や保安族という人びと、トルコ系言語を話すサラール族もムスリムである。[1] 彼らはシルクロードの民として西と東をつなぐ物流や豊かな文化交流に歴史上おおいに貢献してきたはずであるが、ロマンチックなシルクロードの物語とは裏腹に、彼らの生活が楽であったためしはほとんどなかった。他方、これらムスリムのなかにはごくごく例外的に、漢語を文字言語として習得し、科挙試験に及第し、中華帝国／民国の官僚や軍閥に昇り詰める地主階級のものもいた。

1 東郷族は人口51万，保安族は人口1万，サラール（撒拉）族は人口10万（2000年）。

しかし、貧しいものからも富めるものからも一様に絶大な尊敬を集めたのが阿訇《アホン》や教主《ジャオジュ》(ムルシド、シェイフ)といった宗教指導者であった。

老教と呼ばれる存在一性論系統の派のモスクには経堂《ジンタン》と呼ばれるマドラサがあった。ここでは富裕層出身、貧民層出身を問わず、男子を幼少期から預かり阿訇がアラビア語・ペルシア語経典を教え、子どもたちを阿訇として育てあげることをめざした。ここにいれば少なくとも衣食住は事足りた。阿訇は通常世襲制ではないし、墓所に巡礼の列ができることもない。各地のモスクを転々と約三年ごとに移動することにも特徴があった。よい説教ができ、学識が高いものはどこのモスクに赴任しても高い尊敬を集めた。

他方、門宦と呼ばれるスーフィー教団の教主は世襲制が多く、寄進によって比較的広い土地を所有しているものもいた。教主は、奇跡(カラーマ)を起こす神に近い人、その人の徳にあやかれば、ご利益がある、と人びとの絶対的な信仰を集めつづけていた。「老人家《ラオレンジャー》」と老若男女に親近感をもって呼ばれ、亡くなればその墓所である聖者廟拱北《ゴンベイ》に、また長い巡礼の列ができるのであった。

西北は中華世界の一隅で、話し言葉は中国語の方言であっても、ムスリムにとってここはまぎれもなくイスラーム世界であった。アザーンの声は響き渡り、金曜日には敬虔なムスリムがモスクに集まり、ムスリムのあいだだけで、情報交換がおこなわれた。それは商売の情報であったり、清の鎮圧軍の情報であったり、どこにどんなイスラーム知識豊富な阿訇がいる、という情報であったり、よい嫁候補の噂であったりした。この中華／イスラームという二重世界は彼ら／彼女たちの世界観・生活様式をも左右していた。

近代と西北開発

一九三〇年代にはジャーナリスト、学者や外国人宣教師が続々とこの地を訪れ、あまたの旅行記・滞在記を残した。ジャーナリストの范長江、中国古典学者の顧頡剛、国民政府の高官で旅行家馬鶴天、女性飛行士の林鵬侠、『良友』画報特約特派員で写真家の庄学本、延安時代の共産党の動きを世界に発信したエドガー・スノーなどだ。とくに范長江と顧頡剛は西北に足を運んだ中国人のなかでも高名である。

ジャーナリストや古典学者までがラクダや馬を乗り継いで不便な西北を訪れた背景には、日本による東北三省の占領、「満洲国」建国にともなう「国家辺境の防衛の危機」と中華民族の危機意識が高まったことも大きい。人口が稠密でなく、広大で、地下天然資源も産物も豊富と目された西北は、同時に「黄河文明＝中華文明」の発祥の地＝中華民族のふるさととして再発見された。貧困の西北が中国人を再度養い、移民を受け入れ、国防上の防衛線となり、国家富強をはかって中華民族の矜持を取り戻すための要の場所として浮上してきた。そのためには、長いあいだみすてられてきた西北にどのような民が先住民として住み、どのような生活をし、将来的にどのような生産をあげることができるのか、中国にどのような富をもたらす可能性があるのかについて、事細かな学術調査をすることが急務となった。

もうひとつ中華文明の根源の探索という目的があった。亡国の危機に瀕した中国の自信を回復し再起するためには、中華民族の基をかため、中華文明揺籃の地でありながら後進性にあえぐ西北にどのような民族再生の糸口があるのか調査する必要があった。使命感に燃え旅立った旅行者が現地で見たものは絶望的な貧しさと近代教育の未発達で、一様にそのことをなげいている。しかし、顧頡剛などは貧しいムスリムの誠実さ、敬虔さに驚嘆し、中華民族再興の鍵をそこに見出そうとしている。

西北を「体験」したのは旅行者だけではない。中国共産党も一九三〇年代半ばから四〇年代にかけてこの地をたっぷりと経験した。極貧の黄土高原に共産党は陝甘寧《せんかんねい》辺区を建設し、毛沢東や朱徳といった指導者たちも窰洞《ヤオトン》と呼ばれる洞穴式住居に住んで前線での抗日ゲリラ戦争を指揮するとともに政権奪取へのプランを練った。ここから輝かしい革命伝説が発信された。彼らも西北でムスリムと出会い、いかにしてムスリムに共産主義に対する親近感をいだかせるか、ということに悩んだ。

日本の敗戦後、再度勃発《ぼっぱつ》した国民党との内戦のなかで西北の辺区はいったん放棄された。戦いの末に一九四九年に北京に移り政権を建てた中国共産党はそれ以降、西北に特別の経済的恩恵を施すことはなかった。例外が五八年の寧夏回族自治区の成立であろうか。五八年から六〇年代初めの大躍進の失敗と文化大革命の大災厄は多くの人命を人為的に奪い、道徳倫理基準を粉々にし、人間の尊厳を剝奪し、長年にわたって営々と積み重ねられた文化遺産を粉微塵にした。同時に経済の面でも大きく後退させた。辺区のあった西北はただ革命の序章物語の舞台装置にすぎず、住民の生活水準は改革開放まで改善されなかった。

沿海部の緑の大地に生まれ育った人びとにとって、あるいは高層ビルが林立する大都市の消費生活に倦みかけた人びとにとって、雪解け水や雨水を地下タンクに溜めてわかして飲むことや、水洗トイレなど考えられず、子どもに一本一元のボールペンが買えないなどする西北は、寒風吹きすさぶ地の果てで、同じ国にあることが信じられないほどの「遅れた」別世界である。政府としても貧困を撲滅し開発を進めるためには公教育が必要であるとして、一九八〇年代半ばから一貫して教育振興を大車輪でおこなってきている。二〇〇〇年からは西部大開発が発動され、急ピッチで高速道路建設や再開発などの大型プロジェクトが進んでいる。

▲小学校の水がめ（寧夏回族自治区中寧県喊叫水郷）

しかし、多くのよそ者が見のがしてきたことは、ここに住む人びととイスラームとの切っても切れない心のあり方とそれにもとづく生き方だと回族の著名な作家張承志は指摘する。公的援助、資本投下、公教育はほとんどの場合人びとの生き方と密接に関連するイスラームと切り離されている。これらと住人の宗教生活のあいだにはさまざまな矛盾がでてきている。

公立学校と西北少数民族

①制度と国民統合

一九九〇年代にはいって中国経済が本格的に好調の波に乗り始めると、教育は貧困層の人びとにとっても大きな関心事となった。学歴が高くなるほど収入がふえ、大卒・大学院卒は高収入をえるであろうことはいまやどんな階層の人びとにもよく知られ、それが一人っ子政策ともあいまって、子どもへ両親が心血を注ぐ高い教育熱につながっている。現在ではどんな地方に行っても、子どもを大学にあげたい、そのためにはどんな犠牲をも厭わない、という親の悲鳴にも似た切実な声が聞こえてくる。

一九七九年の改革開放以来、公教育の整備、学力向上のスピードと教育の質向上にはめざましいものがある。公教育の目的は、寧夏の山間地区の回族の子どもが大多数である小学校の壁にも大きく掲げられたスローガンが端的にあらわしている。「徳、智、体、美を全面的に発展させた社会主義建設者とその後継者を育成する」（次頁写真参照）。言語や習慣を異にする少数民族地域でも全国ほぼ同一のカリキュラムが貫かれている。[2]

一般的に初等・中等公教育（小学・初級中学〈初中〉）では読み書き、算数、科学、社会常識を教える。また政治科目はマルクス主義と愛国心がおもな内容である。そのほか、教科書や学校儀式における国旗、国歌、地図、国歌、中国少年先鋒隊の赤いネッカチーフ、革命英雄の記述などさまざまな可視的・不可視的ツールを使って、子どもたちは祖国と党の「偉大さ」「重要さ」、自分は「中華民族」の一員であるというアイデンティティを獲得し、国家と中華民族に対する献身・自尊を体得する。「民族団結」「中華民族大家庭」「祖国中国」が強調される一方で、過剰に少数民族別のエスニック・アイデンティティを強調することは好ましいことではないとされる。「名目だけ」の民族成分がアピールされているという批判は根強い。

②男女平等原則と競争

また、男女平等原則にしたがって、中国の公教育のほとんどは男女共学を旨とする。女児は男児とほぼ同じ価値観を身につけることが求められる。社会主義建設のために女性の労働力は不可欠という毛沢東時代の女性政策の方針を色濃く残し、経済発展めざましい国

2　現在の大学受験を目的とする受験競争のなかでは，少数民族言語教育は少なめにして漢語教育を重視すべき，という声も少数民族側からではじめている。

家と社会の発展のために役に立つ人材を養成するというのが、現在の教育方針である。「科技興国」というスローガンは、二十一世紀の科学技術大国として世界に君臨することをめざす中国政府が教育にかける意気込みをあらわしている。毛沢東時代は「滅私奉公」型の教育方針と社会実践方式が貫かれ、個人の自己実現としての社会参加は二の次であったが、家のなかから解き放たれいったん社会に進出した女性たちは、党幹部からであれ、仲間からであれ、自分を認知される快感を味わうことになった。

　現在は、能力、機会、親の経済力に応じて高等教育が受けられるようになり、女性の社会進出は、国家社会のためだけでなく、自分の意志にもとづき未来を切り開く自己実現・自己決定のためにも推進されることとなった。しかし、毛沢東時代とグローバル時代に突入した現代と本質的に変わらないのは、女性が男並みの競争を余儀なくされ、それについていけないものは「後れている」「努力が足りない」「本人の素質の問題」とみなされることだ。男並みにできない女性は見くだされ、女・女格差が生じる。女性の貧困・低学歴すら自己責任にされてしまう。しかし、高等教育はおろか初等中等教育すらもまともに受けられない貧困地域の子どもたちにとって、華々しいキャリアを求めることはまさに夢物語で自己

▲寧夏山間地域の小学校の「党の教育方針」

決定権の埒外だ。

現代中国の公的空間においては男並みのジェンダー平等が推し進められ、競争意識をあおり立てるが、貧困地域・貧困家庭の女児たちの欲求不満は鬱積するばかりだ。

③寧夏のある公立学校

二〇〇五年九月に私は寧夏回族自治区の中部にある同心興義光彩小学・初中(初級中学。日本の中学校にあたる)を訪れた。田家老庄という一万三〇〇〇の人口をもつ小鎮にたつ三〇〇人ぐらいの生徒を擁する学校である。七〇%以上の子どもが回族である。この田家老庄の人びとのほとんどが雪解け水によってかろうじて農業をいとなむ貧しい農民である。子どもたちの両親は貧困ライン上、あるいはそれ以下の生活を送っている。成年男性の識字率は約六割、女性のそれは三割程度である。それゆえ、家族のうち、何人かは自治区内の都市はもちろん、それ以外の地域に出稼ぎ(おもに肉体労働)にでざるをえない。その学歴の低さが災いし、条件のよい仕事は見つからない。しかし、出稼ぎの結果として、消費文化と漢族文化がムスリム共同体に流入することになる。

このような貧困地域にある小学校においても、二〇〇五年から新たに英語教育

▲No Pains, No Gains！のスローガン

が導入され、No Pains, No Gains！というスローガンが五年生の教室の黒板に書かれていた。教師らの説明は、これからの時代は英語が高等教育を受けるためにも大事だから、ということだった。この学校のほとんどの児童生徒は回族であるが、アラビア語などエスニシティを考慮した特別なカリキュラムはない。中国は全国的な英語学習ブームの只中にあるが、その波が半沙漠地の小学校にも押し寄せている。

この学校の初中生のための寮は同じ敷地内に男女別々に割り当てられている。回族の女の子たちは当然のようにヴェールをかぶっていない。将来の夢については、ほとんどの子ども(男女とも十三歳くらい、初中にはいったばかり)が「兵士か警察になりたい」と答えた。子どもたちを見ていると、回族であることは豚肉を食べないこと、両親の身分証明書の民族欄ぐらいでしか証明されないのか、という観を強くする。

案内してくれた寧夏社会科学院回族イスラーム教研究所の馬平所長(当時)によると、兵士と警察は貧困地帯の子どもに一番人気のある職業である。安定した給与生活が保障され、うまくいけば都市戸籍が獲得できるからだという。アメリカの軍隊が比較的貧困な家庭の子女の受け皿になっていることを思い起こさせる。

▲兵士になりたいと答える子どもたち

しかし、現実には人民解放軍の女性兵士の割合は二〇〇二年統計で三％にすぎない。これは日本の女性自衛官の四％をも下回る。中国の女性兵士は「狭き門」だ。

さて、この学校は国家の貧困地域教育振興事業だけでなく、ユネスコの貧困撲滅プロジェクトの対象校ともなっていた。このプロジェクトは女性開発と女性の自立をもめざしておこなわれた。すなわち、完全な「男並み」のジェンダー平等を達成することが「女性の開発」であるとするグローバル基準を満たしているからこそ、外部から開発資金や寄付金が導入された。それは競争の激しいグローバル社会のなかで西欧リベラル・フェミニズムがめざす方向と一致する。

以上から、公立学校においては児童生徒の宗教・エスニシティは考慮されず、国民統合、ナショナリズム、競争心、世俗主義と男並みのジェンダー平等を推進する全国統一カリキュラムが組まれていることがわかる。

西北回族女性の非識字／半識字——ジェンダー、宗教、エスニシティ、貧困

西北の回族女児が公立学校にかようことができるようになったのは、つい最近のことである。

二〇〇〇年前後まで非識字率は高く推移してきた。とくに、回族が人口の九割を占める

寧夏回族自治区の南部山間地域(西海固＝西吉、海原、固原)や甘粛省東部地域での高い非識字率は地方政府の頭痛の種であった。隣接する同心県の一九九九年の統計で十二歳以上の非識字率・半識字率は四四・四七%、回族女性は六三・六三%が非識字・半識字で、男性の二六・一六%に対してはるかに高い。全国平均の男性一二・九八%、女性三一・九三%をはるかに上回った。また、八四年の統計では女子の入学率はわずかに四〇%で、中退率も高かった。ジャーナリストの村山宏は、九〇年代半ばに寧夏や甘粛の山間地の公立学校では男子が多くて、女子が少なく、校門の近くで学校に行きたくても行けない子どもたちがうろうろしているのを記録している。

一般的にいって非識字女性は家庭内での決定権がなく、外の世界にふれることもできない。経済的自立をはたすこともまれである。とくに辺鄙な地方に住んでいる非識字者は一人で集落をでることができない。住み慣れた土地を一歩でも離れると標識が読めず自分がどこにいるかわからないし、宿帳に自分の名前すら書けないからである。[3] かくして非識字女性はほかの家人(多くは多少の識字能力をもつ男性)に依存し、自らの非識字を恥じつつも、家庭内の次世代の成長と教育、そして自分もいつしか教育を受ける機会があるかもしれないことにわずかな期待をかけて家事と野良仕事に生きることになる。[4]

回族女児の非識字・非就学、中途退学率の高さの原因についてはさまざまな議論がある

[3] 例えば，2008年12月に広州でインタビューしたX氏の母は非識字者で寧夏回族自治区海原に住んでいるが，2000年代初め，X氏が省都の銀川の学校に4年間学んでいるときすら一回も銀川に来たことがなかったという。

[4] このような男性中心社会のなかで子ども二人をもち黙々と働く22歳のある非識字回族女性の姿を陶紅はつぎのように表現する。「彼女(たち)はこのような(ひどい経済状態やジェンダー不平等の)状態にも屈せず，自分たちの運命を変えるために多大な努力を惜しまない」(王正明・陶紅 2003：110)。

が、おおむねイスラーム（宗教）、ジェンダー、エスニシティ、伝統、貧困という階層の問題が複雑にからみあっているとされてきた。端的にいえば、つぎのような説明である。

まず男親・祖父世代の社会主義思想への不信である。一九八〇年代当初は共産党の運営する公立学校にいくとマルクス主義に染まってイスラーム的ではなくなるという考え方が根強かった。六六年から七六年の文化大革命では、モスクが破壊され、聖典が廃棄され、宗教指導者は迫害されるなどイスラームは全否定された。その傷痕と記憶が生々しい八〇年代初め、唯物論と党の威信を子どもに植えつけるとして公立学校への拒否感が強かった。子どもを学校にやらないことはムスリムとしての精一杯の矜持のあらわれであり、世俗の権威に対する不服従であり抵抗でもあった。

つぎに伝統的におこなわれてきた男女隔離の習慣である。男性年長者の多くもまた非識字・半識字者で政府が管理する公領域とは遠いところにあったから、中国政府が教育によって定着させようとしてきた男女の機会平等原則も浸透せず、家庭内のジェンダー秩序も変わることはなかった。男女隔離は漢族の伝統文化にもあったが、この地域ではそれがイスラームと関連づけられて認識されてきた。したがって、女児が男女共学の公立学校に行くとイスラーム的でなくなる、という考え方は根強かった。一九八〇年代、回族の多い山間地区に赴任を希望する教師は少なく、赴任してきたとしてもそのほとんどが漢族男性であった。彼らの多くはイスラームやムスリムに対する理解が足りなかった。漢族男性が教員を務める学校に娘は絶対にやりたくない、という親たちの本音が娘たちを学校から遠ざけた。また漢語を学ぶと漢化してしまい、結局イスラームから遠ざかってしまうから子どもは公立学校にはやらない、という親もいた。逆にそれらの親はイスラームとアラビア語を勉強できる学校であれば、子どもをやってもいい、とも考えていた。

さらには家父長制の「男尊女卑」の影響も強い。おそらくイスラームと儒教文化双方の影響を受けてのことである。この地方では女性に教育は必要ないと考えられていた。女性の「無知」は家長が女性のセクシュアリティと労働力を管理するうえで必要なことと考えられてきた。女性のセクシュアリティは世界の他の家父長制社会と同様、家の男性の名誉にかかわるものとして管理された。さらには、女性は男性家長間で労働力として交換された。二十一世紀初めになっても学校を中途退学させられた回族女性は十五、六歳で結婚させられることはざらであった。年頃の娘が親戚でもない年長の男性のいる学校に出入りをしたら家の男性の名誉を汚す、という考え方や、どうせ他家へ嫁に行く以上、女児に金をかけて教育をしても無駄という考えもあった。

貧困も追いうちをかけた。中国の農村では地方財源不足のため初等教育といえども無料でない時期が改革開放以降も続いた。教科書代のほかに燃料代、電気代、修繕費など雑費が徴収され、その負担に耐え切れない極貧家庭も多かった。例えば、寧夏回族自治区西吉の山村地域の村で一人あたりの平均年収は五〇〇元以下だったが(二〇〇二年)、その地では小学生一人あたり年間一〇〇元、さらには初中では一人あたり年間五〇〇～六〇〇元の費用がかかった。子どもが複数いれば収入の半分近くが小学校の教育にかかり、一人っ子であっても初中には借金をしないとやれない、という状態である。家族の誰かが病気にでもかかれば、社会保障が完備していない農村では莫大な出費となる。結局、子どもは学校を中退せざるをえない、という状況であった。

子だくさんもそれに拍車をかけた。社会保障が整っていない農村では老後の頼りは男児で男児が生まれるまで子どもを生みつづけることがつい最近までおこなわれていた。計画生育政策(いわゆる一人っ子政策)の建前もあるので、戸籍に登録されない女の子もいた。この政策の違反者には罰則があることになっているが、村の幹部との交渉や目こぼしで、計画生育も事実上機能していなかった場所もあった。女児は結婚前は労働力として妹や弟の子守、家事手伝いに従事させられた。子どもが多ければ、一人の子どもにかけられるお金がそれだけ少ない。しわ寄せはいつも女児にきた。

以上、女児の非識字の理由をいろいろあげたが、結局学校に娘を行かせない、あるいは中退させる、という最終決断をしたのは家長たちであって、女児の意志にもとづくものではなかった。いずれも女性の学ぶ権利、将来をプランニングする自由をないがしろにしたものであったことはいうまでもない。

　少数民族の公教育は国民統合のためにも必須と考える政府としても回族女児の低い就学率は近代国家としての面子を汚すものであった。学校に子どもをやらない両親たちは「遅れていて」「無知」であるとして、啓蒙対象とされた。寧夏のある村には「女の子を学校にやらないのは無知蒙昧《もうまい》であり、かつ法律違反である」（国家人口計画生育委員会による「女の子を愛そう」キャンペーン「関愛女孩行動」。二〇〇五年寧夏回族自治区西吉県白崖郷にて）という宣伝壁画があった。村の幹部が村人を集めて「絵解き」をし、娘を学校にやらない村人を糾弾・非難するのに使うのであろうか。

女児就学率上昇のための三つの切り札

　女児の非識字状態を解消するために政府が出したのが以下の三つの切り札である。

　第一に公的補助、国際機関、NGO（宋慶齢基金会、希望工程、宣明会——ワールドビジョンなど）による援助を受けた学校教育設備の拡充と就学

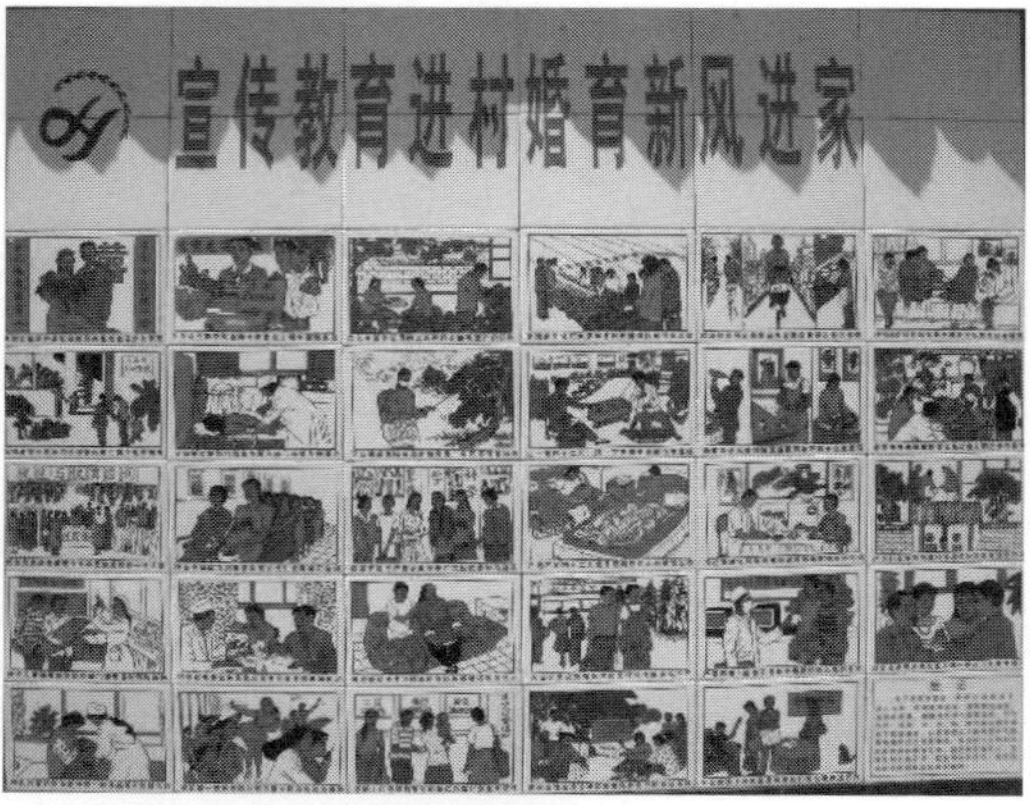

▲女子教育キャンペーンの宣伝壁画

補助金の整備である。子どもが遠路歩いて通学しなくてもすむように、学校が山間地の辺地にもあまねく建設された。また、男女隔離の意識が強い所では複数の女子小学、女子中学もつくられた。優秀な教師の招聘もおこなわれ、貧困世帯出身の優秀者には奨学金も与えられた。

第二に回族の女性教師の育成である。漢族の男性教師のいる公立学校には娘はやらない、という貧困家庭の親に対処するため考えられた方策である。

第三に、宗教指導者(阿訇《アホン》、教主《ジャオジュ》など)との連携である。民衆の絶大な信頼を集める宗教指導者は文化大革命収束後、上部機関の要請によって人民政治協商会議委員や地方政府の副主席などを務めるようになった。政府とムスリム民衆をつなぐパイプ役を期待されたのである。ムスリムが多くなおかつ就学率が低い場所では宗教指導者が音頭をとって女子学校設立を働きかけ、学校建設費集めをした。また、金曜礼拝やラマダン明けの祭りと犠牲祭、預言者ムハンマドの誕生祭のおりにはムスリム民衆に女児の学校教育が重要であることを宣伝した。

官民あげての教育振興策により、女児の就学率はあがり、教育水準は劇的に向上した。二十一世紀初めには最貧困地域でもほぼ一〇〇%の入学率とほぼ一〇〇%の九年間義務教育修了率を誇るようになり、ついで二〇〇五年から教科書代と雑費が無料となった。保護者としては子どもの小学・初中進学にとりあえず経済的心配が少なくなった。同時に、女児といえども漢語の読み書き能力を身につけ、出稼ぎの道を探って貧困を克服しなければならない、という意識が高まった。

また、寧夏回族自治区山村の十三歳の回族少女馬燕が書いた日記がきっかけで周辺に住む学校に行けない子どもたちにフランス市民がつくる「寧夏の子どもたち協会」ＮＧＯから奨学金が授与されて、学校に行けるようになったという美談も記憶に新しい。[5] さらに、日本のＮＧＯの奨学金で養成された公立学校回族女性教師は地域の回族女児のロールモデルとして羨望の的となり、さらに女児の就学率が高まった。回族女性教師の誕生は寧夏山間地域の伝統的ジェンダー秩序をゆるがす大事件であったといっても過言ではないだろう。

女児教育の課題

政府のテコ入れと国際的援助もあり、回族女児の未就学問題はほぼ解消された。しかし、構造的問題は未解決である。

第一に、金銭的・学力的な問題から高校(高中)、大学に進学できないという点である。現在寧夏全体で高校進学率は五〇%、農村はもっと低い。高校の多くは地方中核都市にあるので、山間地の子どもは寄宿舎にはいらなければならないが、その費用が出せず泣く泣

[5] 馬燕の日記が読むものの感涙を誘い，多くの善意あるフランス市民が彼女とその周辺の女児に奨学金を申し出たのは，彼女が困難にもかかわらず学校を続け，大学に進学したいという強い意志と希望をもっていたからで，これはフランス国民が堅持する世俗国家の原則ライシテ(政教分離)の考え方にも一致する。すなわち，宗教から公教育を護る，という考えである。もしも馬燕が後述のイスラーム女子学校(女学)進学を希望していたとすれば，彼女の存在がフランスで旋風を巻き起こすこともなかったかもしれない。

く進学をあきらめる子も多い。成績優秀で大学に合格したとしても、親が親戚に莫大な借金をして授業料をまかなうか、あるいは進学をあきらめざるをえない。農村の学生の大学中退率は都市出身の学生より格段に高い。寧夏の農村出身の子どもと上海や北京の好条件の環境で育てられた子どもが競争することは、まるで三周遅れのランナーに一〇〇〇メートル競争で勝て、といわんばかりのことである。当然、多くの「負け組」がでてくる。

第二に、初中をでただけでは地元に仕事がない。彼ら／彼女らの両親の家業は農業や個体戸（小資本のレストランや商店経営）がほとんどだ。旱魃で農業は壊滅しかかっている。すなわち、初等・中等教育の拡充だけでは、彼ら／彼女らが夢にみる灌漑設備があって、トラクターがあって、収入が充分ある「豊かな農村」は絵に描いた餅だ。また、個体戸であっても、農村自体が疲弊している状況ではうまくいかない。その結果、中卒者は周辺の中核都市や省都、遠くは沿海部へ出稼ぎにでて最底辺労働者とならざるをえない。男性であれば肉体労働者や飲食店での下働き、女性であれば工場労働者となったり飲食店で住み込みで働いたりする。都市では農村戸籍所持者は二級市民扱いで、そのままでは都市に恒常的に居住することはできない。生活を成り立たせるために出稼ぎ──一時帰郷──出稼ぎを繰り返すことになる。

例えば、二〇〇七年九月に私が青海省化隆回族自治県のモスクを訪問したとき、町や周辺の村に残っているものは老人と子どものみであった。女学の有無を聞きにいったのだが、答えは「開学許可はえているが、貧しすぎて開けない」であった。中学をでると村の若年層は全国に散らばった牛肉ラーメン（蘭州拉麵）店に出稼ぎにでる。八〇の都市に化隆出身者経営の八〇〇〇のラーメン店があり、化隆県のものばかり六万人が従事している。「根こそぎ」の出稼ぎである。彼らは現代中国の一億四九〇〇万人（二〇〇九年十二月末）ともいわれる農民工の渦のなかに巻き込まれるが、当然競争は激しく、また都市の住民のいわれなき偏見にまみれ、自尊心を傷つけられるばかりである。

第三に、アイデンティティ・クライシスが生まれるということである。公教育とはカリキュラム上、回族にもイスラーム的科目を教えないシステムである。民族区域自治法によれば、民族自治区では民族の特色をもった教育カリキュラムを編成してもよいことになっているが、実際上は寧夏回族自治区の公立学校では回族家庭から一番要望の強いアラビア語は教えられない。師範教育を受けた教員資格をもつ教員でアラビア語ができるものがほぼ皆無であることと、大学受験を見据えて英語は必須という考え方があるからだ。

しかしここに矛盾が生じる。「回族」という民族成分をもちながらイスラームを知らない自分とは何なのだろうかという疑問が生まれてくるのだ。それは上の世代の敬虔なムスリムとのあいだの深刻な世代間ギャップとともに、例えば出稼ぎで都会にでて漢族と同じ

[6] 北京の私立学校で1950年代後半を過ごした回族の作家張承志はここにあげたのと同様の問いをクラスメートや教師に問われて，侮辱され心を傷つけられることを覚えたとともに，回族とは何かということを疑問にもちはじめた，と告白している（張承志 1993：187−188）。

空間で働くときにイスラームや自民族について考えざるをえない状況からも生み出される。外見や言語で漢族と区別はつかないにしても「回族」という民族成分は身分証明書に記され周囲には自明である。いつも「イスラームの教義内容は何か」「礼拝はするのか」「ヴェールはかぶらないのか」「なぜ豚は食べないのか、豚の子孫だからなのか」「断食するのか」「イスラームはテロリストか」などのぶしつけな質問を毎日のように訊かれることになる。[6] 差異は排除をつうじてつくられる。[7]「漢族と違わない」と思って暮らしていても、結局、彼女たちは「貧困で〝遅れて〟いた回族」なのだという否定的意識と、家庭のなかではぐくまれた「イスラームとは素晴らしい倫理的教えだ」という肯定的意識の双方をもつようになる。彼女たちはその矛盾のなかで折り合いをつけながら、漢族が中心となって規範や論理をつくった社会に生きていかなければならない。結局、世俗化した回族女性もまた地域共同体からも宗教共同体からも乖離し、主流の漢族文化からも疎外されてしまうというダブルバインドに陥ってしまう。[8] 公立学校回族女性教師が思い切ってヴェールをかぶって仕事場にいこうとすると、白眼視が待っている。[9]

第四に、公的ジェンダー平等とイスラーム的ジェンダー観とのあいだの齟齬《そご》である。イスラームでは男女の神の前での平等と男女の性別役割分担を明確にし、男女隔離を謳う。しかし、回族女性の教育機会不平等や貧困家庭の家庭内暴力の犠牲者は女性が圧倒的に多

7 黒木雅子は，日系アメリカ人クリスチャン女性の聞き取り調査をしたうえで，同様の複合したアイデンティティの形成のされ方を指摘している（川橋・黒木 2004：132）。

8 2007年8月30〜9月4日，寧夏におけるアンケートとインタビュー。

9 80年代，ある公立民族女子中学校に赴任した20歳の女性回族教員はヴェールをかぶりとおして出勤したので有形無形の圧力を受けたという。ただし，現在，深めの縁なし帽子だけは回族既婚女性教師は勤務中であってもよくかぶっている。この帽子は，西北の回族女性特有の習慣であるが，ヴェールほどは宗教性を感じさせないものである。

いという事実は、いかに公的ジェンダー平等が基層社会では貫徹されていないか、貧困が家庭内・共同体内で優位に立ちたいのにかなわぬ男性の「面子」を失わせ、その矛先が身近な女性に向かうのか、という家父長社会共通の問題点があることを物語る。女性の発展についての普遍モデルを貧困ムスリム共同体にあてはめることの困難さはこのような所でもあらわれる。

第3章　女学という選択

イスラーム女学の前身

①近代以前のムスリマ

　公教育だけでは女性の権利を守れず、また権利を行使できない、と考えるムスリム女性（ムスリマ）が中国には存在する。そのような人びとはイスラーム女子学校（本書では女学《ニューシェ》と総称する）で学ぶことを選択する。女学は「女校」や「女子学習班」などとも呼ばれる。多くがモスクの付属機関で、アラビア語や中国語、イスラーム的倫理道徳を教えている。

　現在、女学ではさまざまな階層・年齢層のムスリマが学んでいる。このような学校の発展はイスラーム復興、あるいは文化自覚現象という文脈で従来説明されてきた。その考え方は現在でも有効であろう。しかし、イスラーム復興の観点からのみ説明するのであれば、そこには女性の主体性と能動性、さらには宗教を利用して現状を変えようとする試みは埋没してしまう。本章では、ムスリマの人間としての自信回復と自立＝エンパワーメントの視点から女学という現象を考えてみたい。

女性のためのモスク、女性のためのマドラサは現在でこそ、前者はトルコやインドで、後者はイラン、アフガニスタン、インドなどでできつつあるが、その歴史が世界で一番古いのは中国である。

中国ではそれぞれ清真女寺(女性専用モスク)、女学(中阿女校、伊斯蘭女学など)と呼ばれて、沿海部の河南、河北、北京、山東を中心に三〇〇年あまりの歴史をつちかってきた。ジャショックと水鏡君は、このような世界史的にもめずらしい現象が起き、維持されてきた理由を中国ムスリマたちの歴史的・社会的・政治学的な駆け引きの結果であるとする。彼女たちが宗教的なマイノリティとしてのアイデンティティを中国社会で何とか主体的に保持しようとした結果であるというのだ。

その根源は、明末清初(十七世紀)、イスラーム知識人の劉智[1]が女性の教育が必要と説きはじめたことにある。彼はその著作『天方典礼』に「言必遵夫、取与必聴令、不私出、不外見、不違夫所欲」という「婦道」を書き込んだ。一言でいえば女性の家長・夫への絶対服従である。同時に女性は人道(イスラームの五行のほか、嘘、貪欲、不誠実の禁止など)も遵守しなければならない。

一見保守思想にみえるが、他者への服従こそがアッラーの命に忠実ということであり、

[1] 17～18世紀に活躍した中国イスラーム学者。存在一性論の強い影響を受け，漢語で『天方性理』『天方典礼』などを著した。

このような現世の秩序を守りつつ安寧をはかることは「善事」で、死後の永遠の来世につながると考えるのだ。女性にイスラーム的「婦道」を教えることで女性の手で家庭に宗教知識がはいる。それによって、家族をモスクと宗教活動に呼び込む戦略がとられたのである。ともあれ、沿海部のムスリマはアッラーの意思にそってどのように倫理的に生きるのか、さらには天国への道を家族にどのように導くのかを学ぶ機会があった。

②西北ムスリマの「無知」

しかし、沿海部とはうって変わって西北《シーベイ》では清真女寺や女学はつい最近まで皆無であった。女性は家のなかに留めおかれた。中華民国時代まで西北ムスリマは漢族の風習の影響を受けて、多く纏足《てんそく》させられた。一九九〇年代でも家を訪れた未知の男性の前に決して顔をあらわさなかった。彼女たちは外での礼拝を含めて社会的参加はおろか、買い物にもでられず、畑仕事や家事、育児に専念することを余儀なくされた。学校はないか、あったとしても親に行かせてもらえないので、ほとんど非識字のままだった。

彼女たちの実態や肉声を記録した文書はほとんど残っていない。わずかに女性キリスト教宣教師の記述、有力者の族譜に記された親族の女性たちの「功績」があるのみだ。そこには貞節な妻と出世した男子を産んだ母の役割が讃えられるのみである。ただ、例外があって、敬虔な女性が「聖人」に列せられたという記録は散見する。

漢字を独占した男性知識人は女性を記述することに無関心だったが、彼女たちが活発な活動をおこない、自らの生活を切り開こうとしていたことは、民国時代の欧米女性宣教師が記録している。例えば、文字を学びたいという強い希望をもっていたこと、非識字者であるにもかかわらず、驚くべき強い意志と聡明さを兼ね備え、家業の農業や商取引はもちろん、家の事情にも精通しており、その点では夫を恐れさせる存在であったこと、何よりも外国人女性宣教師の面前でも定時の礼拝を欠かさない敬虔さを包み隠さなかったことなどである。

③西北の女子教育の黎明

中華民国時代には沿海部を中心に女子を含めたムスリムのための近代国民教育が始まっていたが、遅ればせながら西北でも女子教育の必要性が男性実力者のあいだでは痛感されはじめていた。しかし、例えば一九三九年に寧夏省予算で設立された「同心県韋州設立両学女子初小」のようなアラビア語の知識と漢文知識を兼ね備えたカリキュラムをもった学校に入学できる女児は四〇人と、ごくごく少数にとどまった。

その一方で、子どもたちの人間教育の場としての家庭が再発見され、将来その家庭を守る立場に立つと考えられた女児の宗教知識向上の場として、女子学校の設立が真剣に議論されはじめた。一部ではあるが、女性のための初級アラビア語教育がモスクでおこなわれるようになった。のちの「女学」の原型である。

アラビア語は中国のどのムスリムにとっても母語ではない。しかし、アッラーの啓示がアラビア語でクルアーン(コーラン)として顕れているというイスラームの考え方からすれば、ムスリムをムスリムたらしめる宗教言語であり、外見だけでは漢族と見分けがつかない「回族」アイデンティティの根幹となる言語である。毎日五回の礼拝はアラビア語でクルアーンの文句を唱えておこなわれる。敬虔なムスリムとしては、アラビア語の知識は人としてどう生きるかということをクルアーンから知るためにどうしても必要である。非アラビア語圏のムスリム社会で、アラビア語の識字能力をもっている男女はそれだけで尊敬を集める。漢字がわからない女性には小児錦《シャオアルジン》(アラビア文字のアルファベットで漢語を記述する表記方法。小経《シャオジン》ともいう)で教義教授の補完をした。

「本質主義」の男女平等か、聞こえぬ声か

ジョーン・スコットは「ジェンダー」を「肉体的差異に意味を付与する知」と定義する。この知とはさまざまな文化や社会が生み出す男と女の関係にかんする理解であり、あくまでも相対的なものである。しかし、男女は生まれつき

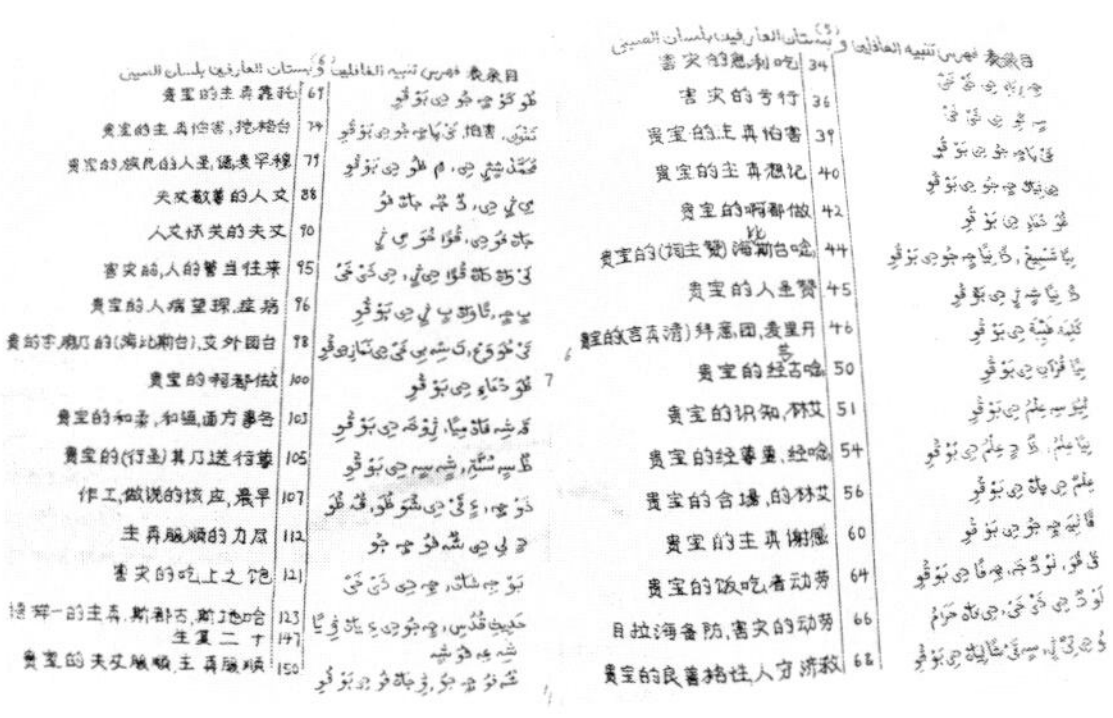

▲小経

異なる性質と能力をもつという前提に立脚して、男女には異なった権利や義務が神から付与されていると考える「本質主義」論がイスラームのジェンダー観である。したがって、相対主義が前提とされる「ジェンダー」概念はイスラームにはなじまない。

イスラームの男女平等は、アッラーの前での平等で、それは以下のようなクルアーンやハディース(預言者ムハンマドの言行録)字句にあらわれている。

(われ〈アッラー〉は)万物はいずれも番《つがい》にしておいた　(スーラ　五一-四九)

義《ただ》しいことをおこない、しかも信仰深い者は、男でも女でも、みな楽園にいれて戴いて、棗椰子《なつめやし》の皮一すじほども不当な目に遇《あ》いはせぬ　(スーラ　四-一二四)

男でも女でも義しいことを行ない、しかも信仰深い者には、我らが必ず良い生涯を送らせよう。そして、必ず、その行いの最善のところを見て褒美をとらせよう　(スーラ　一六-九九)

ゆりかごから墓場まで学ぶことはアッラーがムスリムとムスリマに与えた使命　(ハディース)

しかし、現実の中国社会が世俗化し、男並みのジェンダー平等の実現を公的に標榜している以上、その対極のイスラームのジェンダー観はいつもゆさぶりをかけられつづける。

さらに、回族女性が世俗教育を受けて貧困から身を起し世俗的な成功をおさめれば、権力者や海外の欧米フェミニストからも賞賛をあびるのとは対照的に、慎み深く従順で信仰深い女性は宗教共同体以外のものにアピールすることはない。敬虔な回族女性は中国社会のなかではマイノリティであり、彼女たちのイスラームに立脚した男女平等を求める声は公的言語空間では聞こえにくい周縁化されたものとならざるをえない。

中華民国時代のイスラーム女子教育をめぐる「賢妻良母」言説

さて、中国でイスラーム女子教育は近代の現象であると述べたが、その設立過程をみてもゆらぎや混乱がつねに存在していた。

民国時代に中国イスラーム界では女性の「母性」と子どもに対する教育者としての役割が女子教育振興にかんして強調されるようになり、流行語であった「賢妻良母」[2]言説が援用された。さらに時代は流れ、現代のイスラーム覚醒現象においては新しい「賢妻良母」が理想の女性像とされる。それは、家庭とイスラーム女子学校(女学)における倫理的教師としての女性の役割こそがこの汚濁と矛盾に満ちあふれた現世を改革する重要な鍵と考え、女性にイスラーム知識をもたせることで「世直し」の中心的存在に育てあげようとする考え方である。ここでは民国時代のイスラーム的「賢妻良母」をめぐる言説の変遷をたどってみよう。

2 日本語では「良妻賢母」。この言葉は近代東アジアにおける人的交流のなかで，中国「賢妻良母」，韓国「賢母良妻」と組み合わせを変えながら東アジア全体に広がった。この言葉をスローガンとした中国女子教育の整備と「新婦女」概念にとってかわられ衰退した事実については，陳姃湲(2005)に詳しい。なお，陳によると現代中国語の「賢妻良母」には，専業主婦という意味合いがある。しかし，現代のイスラーム女学における「賢妻良母」思想は，家で妻・母の仕事をこなしつつ外での仕事をも否定しないという立場をとる。同じ言葉でも使う場所，状況，時代によって意味論的に変遷している。

漢語のイスラーム雑誌にはじめて近代的女子教育関連の記事が載ったのは一九〇八年、清国留学生のなかのムスリムによって東京で発刊された『醒回篇』であった。義務教育による日本国民の「質」向上が日露戦争に勝利をおさめるような「文明国」建設につながったという考え方にもとづき、ムスリム男性知識人は母国におけるイスラーム女子教育の進展を促した。当時、中国イスラーム界に近代的女子教育機関は皆無だった。

あるムスリム知識人は女子教育の根拠として「家庭教育では母が全面の責任を負う。母の声、微笑み、言葉づかい、行動は子どもに影響を与える……多くの国で婦人は文明の母と呼ばれる」と主張した。国家の発展を支える「良質」の国民づくりのためによき母が必要で、そのために女子教育が必要というのだ。日本流の「良妻賢母」女子教育思想を踏襲していることがわかる。[3] 同時に、「母」体験をとおして中国ムスリマを国家に動員しようという国家フェミニズムの萌芽もここにみてとることができる。

約二〇年後には、女子教育の発展はイスラームの伝統にのっとっているから正当である、という新解釈があらわれた。雲南のあるムスリム知識人は、「ムハンマドが預言者になったのは妻のハディージャのおかげであるし、ほかにも賢妻良母のおかげで男子が成功した例はあまたある」からイスラーム女子教育が必要なのだと主張した。「「母教」すなわち将来の母を教えるべし、それこそが誕生まもない国民国家のなかで周縁化されたイスラーム

[3] 日本にいた清国留学生の多くは革命派の中国同盟会の会員であったが，彼らは日本の高等教育機関に在籍していたために，当時の日本の「流行思想」に敏感であった。当時，日本では女性が家の存続のための再生産のためだけでなく，新生国家建設のためにも役割をはたしうる存在として再発見されていた。

を発展させるための方策なり」、と母／妻育成に女子教育の目的を収斂させることを論じたムスリム男性論客の主張は、この文脈で主流になりつつあった。

漢語教育を受けたムスリマからは反対意見もでるようになった。彼女たちは当時中国の論壇を席巻していた新女権運動の潮流に身をおいていた。あるムスリマは教育、経済、社会とありとあらゆる局面での男女平等を主張した。その根拠は、トルコ共和国における女性解放運動の進展であった。また別のムスリマは、「道徳と精神において男女平等というイスラームの教えに従い、新しい男女観をつくるべきであって、そのためには女子教育をイスラームの男女平等の本来の意義に違わぬようにおこなっていかなければならない」とした。これら二人のムスリマの主張は、その時代の中国論壇の開明的な女性論と中東直輸入のハディース「学ぶことはアッラーがムスリムとムスリマに与えた使命」「楽園は母の足元にある」や、クルアーンにおける男女平等観が翻訳されて紹介されたこと[4]の影響を受けたものであった。いずれも母／妻の役割に限定されることのない女性像をイスラームにもとづいて模索していたということになる。

性別役割分担にもとづく「賢妻良母」か、あらゆる面での平等か。あるいはこの中間の道か。この二つの論点を揺れ動くかたちで、北京に一九三五年にムスリマのための新月女子中学ができ、約六〇人の学生を教えた。卒業生には幼稚園教員、教師、高等教育への参

4 エジプトのアズハル大学に留学中の納忠は，当時アズハル大学などの教員が著した大著『イスラーム教』を漢語に翻訳し，1935年に出版している。そのなかには「婦女の権利」と題された章があり，男女平等，女性の教育を受ける権利，結婚を選ぶ権利，夫から保護を受ける権利，母親として尊ばれる権利，財産を相続する権利，有徳の女性は男性にまさるとも劣らない，ということなどが記されている。

入を決め経済的自立をめざすものもいれば、結婚して専業主婦として夫に経済的に依存し「賢妻良母」の道を歩むものもいた。ムスリム雑誌では何度も女子教育の必要性が説かれ論壇が活気をおびたにもかかわらず、女性の教育機会拡大は遅々として進まず、せっかくの新月女子中学はほどなく資金不足で閉鎖された。

学校の絶対数も絶望的に不足する状況のなかで、もう一人のムスリマ論客は「女は無才が徳」という封建的考えから脱却するためには「学ぶことはアッラーがムスリムとムスリマに与えた使命」というハディースにもとづいて「賢妻良母」をつくるため(でも構わないから)女性教育を拡充・推進してほしい、と叫ぶ。

女性教育を無視してきたのは、保守的な家父長制社会であった。地方に行けば、「回教《ママ》は絶対的に女子教育を禁止している」などという「世論」は強かった。頑迷な男性家長を説得して学校をつくらせるため、女性にとって抑圧的ともみえる「賢妻良母」言説すらも利用する女性のしたたかさと戦略をここにみることができる。「母／妻」養成に絞り込まれることは覚悟のうえで教育振興を求めるというのが、当時の近代的ムスリマの切羽詰ったいつわらざる気持ちであったろう。しかし、それはイスラーム的な両性相補的ジェンダー観を無条件に受け入れることで、既存の社会秩序「男性は外、女性は内」という性別役割分担を彼女たちが不承不承受け入れざるをえないことをも意味していた。

性別役割分担論者も、全面的平等論者もイスラーム的女性教育の拡充を訴えたのは、民国時代、中東を歴訪したイスラーム指導者の「旧来の中国イスラームは本来のイスラームの本筋から離れた儒教的家父長制の悪しき影響を受けたもの」という考えに立脚したからである。中東のイスラーム復興思潮に影響を受けてのことであった。クルアーンの一字一句を忠実に学び直すことで、預言者ムハンマドの時代の本来のイスラームの精神を取り戻さなければならないと中東のイスラーム復興の推進者たちは考えた。その思想が中国にもたらされたとき、中国近代イスラーム教育推進者たちはクルアーンをアラビア語で解釈できる能力をつけるとともに聖典の意味をよりよく理解するために漢語によるクルアーン翻訳も必要と主張しはじめる。母語である漢語の読み書き能力がイスラームをより理解するためには必要であるということがこのころ主張されはじめた。[5]

このようにして甘粛、寧夏、青海、陝西と西北各地に呱々《ここ》の声をあげた漢語とアラビア語を教える「新式」女子学校であったが、一九四九年の中華人民共和国の成立によってほぼ閉鎖されてしまう。「天の半分を支える」女性は社会主義建設のために家から飛びでて男並みに労働せねばならず、賢妻良母言説は当然「封建的」であるとして公的な言語空間から消えた。共産党がつくったのは、世俗主義の男女共学の毛沢東主義にもとづく学校であった。それは、女性に家事や育児よりも社会主義国家建設に貢献するという大義ある仕

[5] 女性たちが自分たちで運営し，集まり，沐浴し，祈り，歌い，学ぶ場所としての清真女寺も民国時代には教育の場として男性近代的イスラームの推進者からその価値を再認識された。北京のムスリム知識人王夢楊は，「ムスリマが集まって礼拝するのは本来宜しくないが」，沐浴の場であると同時に礼拝の仕方を女性に教える場として女寺は需要に応えている，と述べた。

事を重視する価値観を内面化させる機能をはたすはずだった。家庭的女性は封建主義の犠牲者であり、社会主義にもとづく工業農業生産増という国家的理想と目標にそぐわないとみなされた。それは家庭を大事にするムスリムの生活実態や実感とはあまりにもかけ離れたものであった。

女学の実態

一九七八年の改革開放の発動以降、西北各地にアラビア語を教える私立のイスラーム宗教学校ができた。どの学校も創設当時は、アラビア語学習班・私塾といった小規模なものであったが、三〇年のあいだにそのいくつかは敷地面積、校舎面積、教員数、生徒数を拡大し、発展をとげている。ほとんどが男女別学である。女子の部をここで「女学」といおう。また、女子の学習班だけあって男子のそれがないところもある。それも女学といわれ、その多くが小規模である。

女学は一九八〇年代初めからあらわれ、九〇年代には西北全体に波及した。公認のものと非公認のものがある。小規模な女学は、毎年雨後の筍のように数をふやしつつある。非公認のものにかんしては正確な数を当局も把握できていない。したがって、統計もない。

▶クルアーンの章句を節をつけて唱和する女学の子どもたち(寧夏回族自治区海原市)

比較的有名なのは、A型の甘粛省の臨夏外国語学校（旧称は臨夏中阿学校、臨夏中阿女校。二〇〇七年改組）、平涼アラビア語学校、寧夏回族自治区の銀川アラビア語学校（旧称は保伏橋アラビア語学校）、雲南省の大理穆斯林《ムスリム》専科学校、B型の雲南省の納家営伊斯蘭《イスラーム》文化学校などである。二十一世紀になった現在では、このような有名校では入学資格として初中卒業程度を要求しており、中等専門学校あるいは職業学校として高卒と同等の資格がえられる。ほぼ全寮制である。多くが四年の修了年限で、現在では授業料も三〇〇元から一二〇〇元と決して安くはない。以前私はこれらの学校を精鋭イスラーム学校と呼んだことがある（六三頁表参照）。

多く「中阿」という名称をもつが、それは、中国語＝漢語の読み書きをみっちり教えるとともに、アラビア語（阿拉伯語）と宗教知識の習得にも力をいれているからである。例えば、大理穆斯林専科学校（穆専）のカリキュラムはつぎの通りである。イスラームおよびアラビア語関係が「アラビア語」「クルアーン」「イスラーム常識」「アラビア語作文指導」「クルアーン朗読」「クルアーンの注釈」「信仰」「ハディース」「イスラーム法」「アラビア語修辞学」「イスラーム史」「イスラーム概論」などである。そのほか、「自然科学概論」「法律基本常識」「コンピュータ」「スポーツ」がある。漢語関係では大専（日本では短大）レベルのことを教

◀**B'型女学の海原清真女学の生徒たち**　ほとんどが公立学校中退者である。

え、「古代漢語」「現代漢語」「作文」「中国現代文学」「中国古代文学」「外国文学」「文学概論」「哲学」「教育学」「法律基礎と道徳修養」などと幅広い。また、別科として阿訇育成班もあり、一九九一年の設立後二〇〇九年三月までに二〇〇人以上の阿訇《アホン》(宗教指導者)を育成したという。卒業生は阿訇になるほか、大学進学、留学、学校教師、他のアラビア語学校の教師、外資系企業での通訳、会社経営など、さまざまである。

A型イスラーム学校での語学教科書は、北京外国語大学や上海外国語大学で編纂されたアラビア語教材が多い。英語教育に力をいれているところもある。また、中等専門学校であるので私立学校ながら政府のカリキュラム支配を受けており、社会主義教育や国家にかんする政治思想教育も教える。

A型イスラーム学校のもう一つの特徴として、中東を発信源とするイスラーム主義の影響を色濃く受けていることがあげられる。クルアーン解釈、イスラーム法などの科目で使われるテキストもほぼ中東出身のイスラーム主義者がアラビア語で著したものかその翻訳である。民国時代からこの傾向はあったが、人民共和国成立の一九四九年以来約三〇年のブランクをへて、新しいイスラーム解釈がマッカ巡礼者や留学経験者、最近はインターネットによってもたらさ

前河沿女校2006—2007年度课程表

一年级1班　　班主任：李秀珍

星期＼课节	第一节	第二节	第三节	第四节	第五节	第六节	第七节
星期一	阿语	阿语	品德	书法	信仰	读法	读法
星期二	礼拜	语文	阿语	阿语	读法	读法	信仰
星期三	语文	阿语	阿语	礼拜	读法	信仰	读法
星期四	阿语	语文	阿语	书法	圣训	读法	读法
星期五	阿语	阿语	圣训	礼拜	讲演会		
星期六	阿语	阿语	礼拜	圣训	读法	信仰	读法

阿语12节李秀珍　品德1节马春香　圣训3节马瑞敏　信仰4节马艳琼
语文3节马丽琼　礼拜4节、读法10节、书法2节马世红

▲B型の臨夏前河沿女校のカリキュラム

▼女学の類型と特徴

類型と名称	特徴	代表的な学校
A 精鋭型 中阿女校	独立したカリキュラムで，多くが地方政府の許可を受けている。学生は中卒以上。男性と女性のカリキュラム上の別は少なく，「猛勉型」。アラビア語，漢語その他社会常識をみっちり4年間学び，卒業後B型，C型学校の教師や通訳となる。留学するものもいる。全国から学生が集まる全寮制学校で，最近はインターネットなどでさかんに宣伝をしている。管理は厳しい。学費は毎学期300元～1200元のほかに，寮費。	甘粛臨夏中阿女校 銀川アラビア語学校 平涼アラビア語学校 雲南大理穆専女生部
B 中間型 清真寺経営女学	モスクの運営組織が経営する。カリキュラム上はA型とあまり変わらない。管理は比較的緩いが，例外的に厳しいところも。パソコン，英語，体育教育をしないところもある。学生は地域住民が多いが，寮をもっているところへは遠方からもやってくる。また，学校によって，入学資格は中卒程度。上部機関から設置許可をえている。学校の経営および教師の給与支払いは清真寺への喜捨（サダカ，中国語でセ貼nietie）でおこなわれる。授業料は低廉か無料(50元～100元)。卒業まで2～4年。	雲南納家営イスラーム文化学校 寧夏同心西寺女校 蘭州西関清真寺女校 臨夏前河沿清真女校 臨夏大祁寺清真女校
B' 中間型 草の根清真寺経営女学	B型と運営主体，カリキュラムは変わらないが，設備がやや貧弱，生徒の学歴が足らないものも受け入れる。中途退学者は多い。近隣の学生を集めるケースが多い。	雲南回耀登阿文学校 青海大通中嶺中阿学校 寧夏韋州杏園中阿女校 寧夏海原中阿女学
C 基層型 草の根個人経営女学	個人の資金で運営。独立した校舎をもたない場合もあり，その場合小さい家を借りたり，部屋を借りたりして代用し，小規模。いずれも正式の設置許可をえていない。C型がB，B'型に発展するケースが多い。授業料は低廉か無料。教師は，いったん家庭にはいってから職場復帰したA，B型校の卒業生が多い。また，B，B'型の卒業生がそのまま働くこともある。ここで基礎的なことを学んで，A型かB型にはいる生徒も多い。	西寧，蘭州，西安など都市部。また，農村にもある。

表は，陝西師範大学の馬強氏の三分類に筆者が加筆したものである。また精鋭，中間型，基層型というのは筆者の分類方法で，生徒の学歴をもとにしている。

れていることが大きい。

いずれも、共通点は第一にアラビア語、クルアーン、ハディースなどを中心としたイスラーム関連科目カリキュラムをもっていること、公立学校のように時間割が決まっていること、設備としては女性専用沐浴室〈水房〉と礼拝殿などを擁し、礼拝がおこなわれていることがあげられる。第二に、漢語の読み書き、社会常識などもあわせて教授していること。第三に、生徒、教師全員が女性であることである。また、卒業までに二年から四年かかるところが多いが、中途退学率は比較的高い。

C型には、地方によって小学校を中途退学したような子どもを受け入れているところもあるし、A型のような高額の学費をはらえない極貧層の子どもを預かることもある。農繁期には授業を休講にするところもかつてはあった。また、公立学校が休みの日曜日や夏休みなどに公立学校の子どもを集めてアラビア語を教える場合もある。

女学設立の意図

女学は多く男性の宗教指導者、退職幹部、郷老〈イスラーム共同体〈ジャマーアト〉のなかで宗教指導者以外の実力者〉によって一九八〇年代から九〇年代にかけて寧夏、甘粛、青海、内モンゴル、雲南などで設立されはじめた。公的な資金援助は受けていない。当初の設立趣意書の内容を検討すると、以下の点が強調される。[6]

⑴非識字の撲滅、⑵将来「母」となるムスリマへの補助教育。高い教養を積んだムスリマは、「よき母」、よき「教師」となり、ムスリム共同体だけではなく、国家にとっても有益として「賢妻良母」の養成をおこなう、⑶政府からの補助金ぬきの教育、⑷晩婚の促進。

とくに六三頁の表では、B型に属す韋州海墳中阿女校の設立趣意書は、⑵を強調している。少々長いがよくその思想があらわれているので引用しよう。

賢妻良母が知識をえると家庭全部に影響する。後代を教育することもできる。子どもが生まれて最初の教師は母で、彼の一生は揺りかごから始まる。成長し大人になってもその言行挙止から思想・意識までいつも母の影響がある。一般に子どもと母との関係は父との関係よりも密接だ。……母が賢いか否かは子どもの成長に直接かかわる。いまムスリム社会にはいろいろな迷信やおかしな崇拝があらわれてきていて、女性が一番の被害者となっている。彼女たちが騙されるだけでなく、子どもも一緒に道に迷う。いま全国各地のムスリマにイスラーム知識がないので宗教内部で一部がおかしくなっている。迷信やら俗説やらが横行している。……イスラームが中国で盛んでなく、発達もしていない鍵はここにある。

多くのムスリムはこれを心配し、積極的にイスラーム女学をつくった。優秀な子ど

6 1980年馬志信の臨夏中阿女校設立時の趣意書（同校のパンフレット 2002年），1995年に海長泉がつくった銀川の中阿女学の趣意書による。

もを教育し、高い素質の女性教師を育て、彼女たちに家庭の指導者として子どもを教育するという歴史的重責を担ってもらう。家庭は社会を支える根幹組織だから、良き家庭なしに秩序ある社会もない。家庭内でイスラームが教えられないとイスラーム社会も壊れてしまう。よって女子教育事業の成功と失敗は国家民族の未来にかかわっているのと同時にイスラームの前途の興隆と衰勢にもかかわっているのだ。この関係は重大でとても意義深い。すべてムスリム、とくに宗教指導者層はこのことを真剣に考えて座視すべきではない。

一九九九年四月二十八日[7]

女学設立者たちは当時の回族女性特有の高い非識字率を背景に、親たちに対しては女児の補助教育が、支配者側には早婚の抑制と「国家・社会安定のための知識涵養」が必要と説得している。学校に行かない「未国民」のムスリマを男性が「管理」し、「国民」とするためにイスラーム教育は必要だと主張しているのだ。しかし、最大の目的はイスラームの振興である。敬虔だが、多くが非識字・半識字の親たちにはイスラーム振興と女子教育のリンケージは何よりも説得力があった。また、「多種多様の迷信」とは、例えば麻薬売買を容認するような宗教解釈も含まれていたことだろう。現世の混沌・混乱という隘路からムスリムを救い出すための救世主としてムスリマが新発見されたのだ。

どの女学設立者たちも口を揃えて主張するのは、女学は、イスラーム教義における神の

[7] 海長培の手になる寧夏韋州海墳中阿女校の趣意書。

前での男女平等の実現と人間教育を目的に設立されたという点である。一九八〇年代女学設立の際に、男性設立者たちは、頑迷な保守派男性阿訇たちの反対を押し切ったという。保守派の反対の理由は、道を説くはずの男性宗教指導者が家庭内では妻・娘に対する抑圧者であり、イスラームの男女平等を女性が知れば、従来の家庭内での独裁的地位が保てなくなる恐れがあったからであるという。[8] 保守派を押し切るための理由がイスラームの男女平等観と性別役割分担だった。

「賢妻良母」に立脚する女学は、なぜ中国イスラーム界で八〇年代に復活したのだろうか。それは第一に、反右派闘争と文化大革命の悲惨な経験が大きくかかわっていると私は考える。文革の惨事の詳細は次節で述べるとして、一言先にいっておけば、それまで宗教指導者層、宗教知識継承者が西北ではすべて男性であったからこそ宗教と宗教共同体（ジャマーアト）は文革時の徹底的弾圧に無力であった。収監されたり労働改造所に送られたりして長いあいだ家を留守にしたのはすべて男性であった。家を守った女性たちはアラビア語も漢語も非識字であったために家庭内で宗教心を子どもたちに植え付けることができなかった。政策転換の微妙なニュアンスを『人民日報』や公式文件を読んで類推し、それによって難を逃れることもできなかった。その反省のうえに立ち、アラビア語と漢語の双方の識字能力をつけることで、非常時におけるリスクを女性にも分散させ、宗教と宗教共同

8　2006年9月，甘粛省臨夏での2人の阿訇とのインタビュー。

体を再生させようとしたのだと思われる。さらには、漢語学習によって、漢族優位の世界にマイノリティとして生き残るための智慧と戦略を、女性にももたせようとしたのだろう。

　第二に、人の移動が比較的自由になって、外部の知識がはいってきた。例えば、こんな例がある。寧夏のある阿訇《アホン》が所用で河南に行き、偶然女寺、女阿訇の存在を知った。この阿訇は、女性でもクルアーンを詠じることができるのだと驚き、これがきっかけで寧夏の地元で女学設立に動いたという。

　そして第三に、改革開放後の急激な社会の変化によって、文革後にようやく再生しかかった家族や宗教共同体がふたたび解体の危機に瀕したことであろう。回族の世俗化が急激に進んだ。家族のなかで息子たちは優先的に公立学校に行くようになり、商品経済も村々の隅々にまで入り込んだ。水道・電気があるもっとよい生活がしたい、バイクがほしい、テレビがほしい、家具がほしい、と際限のない欲望に人びとはとらわれるようになる。しかし、貧困農村の回族にとってはその多くがかなわぬ夢である。そうすると物質的欲望に駆られたり、道徳的に頽廃したりするのは家庭女性がイスラーム知識をもたずしっかりしていないからである（子どもの躾《しつけ》がなっていない）、という考えが生まれる。家庭を守る女性を「賢妻良母」とし、イスラーム的「躾」ができた子どもを育てることで、この矛盾に満ちた社会を再生させようというわけだ。

最後に、イスラーム主義のイスラーム解釈とイスラーム的女性観、さらにはヴェールやゆったりしたロングドレスといったファッションが、中東をはじめとしたほかのイスラーム世界からもたらされたことも大きいと思われる。

反右派闘争、文化大革命における宗教弾圧

中国におけるイスラームの復興、すなわち男女イスラーム学校の設立、モスクの建立、イスラーム文化の見直し、再評価が、改革開放の波にのって津波のように起こってきたことは、すでに述べてきたところである。今日みられるほとんどの著しい社会現象の変化が、その直前の時代のできごとに起因しているとすれば、西北の回族にとって反右派闘争、文化大革命の二〇年間の政治動乱とは何であったのかをここであらためて考えてみる必要がある。

一九八〇年代初めに臨夏中阿学校〈男子校と女子校〈女学〉〉を設立した宗教指導者、馬志信はつぎのような経験をした。

一九五八年の反右派闘争のさなか、チベット動乱のあおりを受けて全国で「宗教制度改革」が展開された。甘粛省臨夏も例外ではなかった。阿訇《アホン》、宗教学生、信心深いムスリムばかりが逮捕された。馬志信もその一人であった。ムスリム男性は髭を強制的

に剃られ、女性のヴェールは禁止された。豚肉を強制的に食べさせられもした。トルコ語系統の言語を話す東郷《トンシャン》族が政策に反対して叛乱を起こし、臨夏の回族もそれにかかわったという嫌疑をかけられた。馬志信は逮捕後、「労働改造」のため臨夏郊外に新しくできた炭鉱に送り込まれた。毎日が石炭掘りの重労働だった。彼は同じく炭鉱送りになった仲間と名誉回復したら絶対にイスラーム学校をつくろうと堅く誓い合った。しかし、正式に平反(名誉回復)したのは八三年になってからであった。二五年の月日がたっていた。荒地開墾の労働改造に送られたもののなかには餓死したものが多かった。彼らは二〇〇〇万人とも四〇〇〇万人ともいわれる大躍進政策の犠牲者だった。

一九六六年からの文化大革命では、反右派闘争時の回族に対する弾圧と嫌がらせが繰り返された。回族集居地区の宗教知識人や幹部は、地方民族主義者、修正主義者とのでっち上げの汚名を着せられた。とくに、阿訇は「搾取階級」で反動分子だとしてつるしあげられた。あるものは殴打を受け瀕死の重傷となり死にいたり、あるものは意図的に殺戮された。阿訇や宗教学生の逃亡、自殺はめずらしくなかった。

クルアーン、ハディースなど宗教に関連するすべてのものは「封建主義の残余で人民の精神を麻痺させるアヘン」とみなされて焼かれた。寧夏回族自治区の海原県では、三〜四日のあいだに全県の六七のモスクがすべて破壊された。固原ではモスクのほとんどが破壊され、かろうじて残ったモスクも占拠され、人民公社の工場・倉庫・学校などに転用された。寧夏で一九五八年に一八九五あったモスクが文革収束までには一〇九にまで減った。甘粛省では二八七八あったモスクが三一に激減した。九九％が破壊された計算になる。聖者廟拱北《ゴンベイ》も閉鎖あるいは破壊され、聖者のなきがらは掘り起こされ、骨は焼かれた。

男性の髭は禁止、女性のヴェールは再び脱がされ、女性のお下げの長髪を強制的に切る専門の場所ができた。寧夏の賀蘭県では一〇〇九人の女性が強制的にヴェールを脱がされたという記録がある。いたるところでムスリムに豚肉を強制的に食べさせたり、強制的に養豚させた。「地下」宗教活動をおこなうと、反革命勢力が叛乱を企てたとして訴追された。海原では一九六八年六月に預言者ムハンマドの誕生日を祝う「聖紀」節に集まった民衆を武装警察が「反革命叛乱」であると決めつけ、阿訇を拘束するとともに、銃を乱射し死傷者を出すという事件が起こっている。固原だけで数万人のムスリムが冤罪をこうむり、のちに名誉回復をはたしたものは一万人をこえる。

雲南では、文革末期の一九七五年夏に党の宗教政策に反対すべく立ち上がったムスリムに人民解放軍が一週間にわたり発砲、大量虐殺がおこなわれた。悪名高い沙甸《シャーディエン》事件である。この事件で殺されたムスリムは女性・子どもも含めて二五〇〇余人、負傷者一六〇〇人以上という大惨事であった。沙甸では村の人口の五分の一が死傷するという大打撃を受けた。混乱に乗じ、しかし組織的に、宗教とエスニシティの徹底的「根絶」をめざした人間の尊厳に対する一方的な侮辱と破壊が公然とおこなわれたのだ。

　これらの事件については名誉回復がなされ決着済みとして、現在、中国の公式な出版物でも一通りの経過説明がなされるようになってきている。沙甸では町を見下ろす高台に犠牲者の名前一人ひとりを刻んだ慰霊碑も建立されている。しかし、どこからどのような圧力がかかり、このような破壊と殺戮が意図的に起こされたのかについては今後のさらなる研究を待たなければならない。まだ文革についてはタブーが多い。これは、文革が毛沢東により発動されたことを意図的に隠し、「四人組」にすべての罪を着せて決着したということのほかに、破壊や暴力をおこなったのが地元の紅衛兵、それも回族が多く、また保身のために意図的に嘘の密告をしたものが罪を償うことなく今も隣人として住んでいることもあるからだ。また、教派や門宦《メンファン》間のわだかまりを最大限に利用して相互不信を募らせて争わせたのち、一気に上からの破壊を進めるという図式もあった。教派や門宦間

▶慰霊碑

の相互不信はまだ払拭されていない。冤罪をでっちあげたり破壊の限りをつくしたりしたかつての紅衛兵や幹部・退職幹部のなかには、今は敬虔なムスリムとして礼拝も欠かさずおこなったり、モスクに寄進したりしているものがいる。これでは人びとが文革を語るのをためらうのも無理からぬことである。

ケースは違うが内モンゴルのモンゴル族も文革で壊滅的な殺戮と破壊にあった。文革を幼少時に経験し、現在日本で文革の研究をしているモンゴル族の楊海英はつぎのように主張する。

全人類の解放や世界革命を目標とした社会主義国家の民族理論と、「文明的漢族」と「遅れた少数民族」という二項対立的なエスニシティ理解をしてきた中国の歴史的構造が結合して、中国的特色をもつジェノサイド理論が醸成され、国内の民族問題を解決するために利用された。

その論理を援用すれば、当時、漢族支配階層は、すべての少数民族を潜在的な敵と認定したことになる。回族もそのなかに含まれたのである。清代や中華民国時代の西北や雲南における「回民起義」は権力者に対して「遅れた」ムスリムが矢を放った事件と解釈された。動乱が終息してもムスリムはともすれば国家体制よりも宗教を重んじた。宗教的熱狂は毛沢東への個人崇拝に勝ってはならなかった。文革はその意味で、回族と宗教の存在そのものに対する抹殺宣告と警告であり、回族からしてみれば世俗的国家の圧倒的権力と凶暴性を骨の髄まで理解させる役割をはたしたといえよう。現在でもその恐怖は人びとの強い傷痕となっている。

モスクや伝承された書籍が破壊・遺棄されただけではない。人びとの脳内に蓄積されたアラビア語・ペルシア語の知識と宗教解釈の内容や行動様式(礼拝、沐浴、食のタブー、服装、葬儀)など、民族《エスニシティ》の根幹をなす貴重な無形の文化遺産は根こそぎ跡形もなく消し去られた。文化継承にとって二〇年のブランクはあまりにも大きい。そして、その過程のなかで、イスラームを回族から切り離そうという傾向は回族内部からも強まり、民族幹部や知識人といった上層の人びとのいっそうの世俗化が進んだ。いまや豚肉を食べないだけ、という回族は都市を中心にあまたいる。彼らの「自発的転向」もあり、宗教はマルクス主義の前にひれ伏し、回族全体の脱宗教化は自明のことのようにみえた。

しかし、文革中もムスリムたちはいつか宗教を復興できる日がくると信じて、家庭であるいは地下で細々と自らの宗教を伝えた。エスニック・アイデンティティは抑圧されればされるほど強まる。猛烈な弾圧と粛清のもとで地下水脈のようにひそかに流れていた宗教への情熱が一気にふきでたのが、改革開放後の宗教自由の風潮であった。宗教の痕跡をとどめぬよう真平らになるまで破壊されつくした回族集居地に若草が芽吹くようにモスク再建の槌音が聞こえ、新式の宗教学校がつくられはじめたのである。一部のモスクには文革の罪を償うかのように政府資金が拠出されているが、ほとんどはムスリムからの寄進で建てられた。新たな宗教学校建設はすべてムスリムの自発的寄付によった。それはかたちを変えた世俗権力への「抵抗」であった。そして「抵抗」の列には新たにムスリマたちも加わっていた。

ムスリマ自身が望んだ宗教教育へ

その抵抗は、ムスリマからすれば来世に備え現世でどんな善行をなすべきかについても、無知無学にしておく家父長制社会と宗教指導層への糾弾というかたちをとった。それは、自分たちの学ぶ権利を保障し、信仰を確かめる場所の確保への要求となった。あるムスリマの手紙を馬志信が紹介している。改革開放後、所轄のモスクの管理責任者と阿訇《アホン》に代筆者を使って出されたもので、識字と宗教知識への熱い思いがほとばしっている。

> モスク管轄区の老若男女はモスク再建のために全員寄付をしました。後世にアッラーの恩恵があるといわれて。アッラーに喜んでいただこうと私たち（女性は）イヤリング、指輪、ブレスレットをはずして差し出しました。モスクは改修され、華麗で立派な威容をたたえ聳《そび》えています。阿訇、教長や男性はみんな時間になると礼拝に行きます。

男の子はモッラー（宗教学生）になってイスラーム知識を勉強します。金曜日には多くの男性が阿訇の講演と説教を聴きにでかけます。でも私たち女性はどうでしょう。家にいるだけで知識、文化は学べず、モスクに行くことも許されず、まるでいろいろな規定と制限を加えて私たちをわざとアッラーの智慧の門の外においているかのようです。こんなことをしていると（死後）復活の日になって、あなたたち（男性）はアッラーの御前で生前過ちを犯さなかったなんていうことができるでしょうか。

この手紙では、地域のムスリムすべてに共有されるべきイスラーム知識が男性によって独占されることは、アッラーが命令した男女平等、公正さの面からしてもおかしい、と告発し家父長制を糾弾している。私たちはここに女性を無知無学にしておく男性中心社会への反対という新たなフェミニズムの萌芽を見出すことができる。

第4章　女学の学生、教師の今

二十一世紀の女学の隆盛

男性指導者のイニシアティブとムスリマたちの強い要望と行動もあって、女学は西北《シーベイ》で一九八〇年代以降、創設され始めた。

臨夏の例をあげると、八〇年代初めには四人の女性を集めただけの女学であったが、数年してそれは数十倍に膨れあがった。「学ぶことができる！」非識字にとどめおかれた女性たちは噂を聞きつけて続々と女学に押し寄せた。女性を教育から遠ざけるために押さえつけていた男尊女卑の重石を一気に押しのけるような勢いであった。[1]

初期の臨夏中阿女校の卒業生の一人、一九六五年生まれの馬春香は四十歳を過ぎた今もそのときのことを感慨深げに話す。

三人の姉たちは小学校をでただけで、私も勉強がつづけられるとは思っていなかった。でも、たまたま近くに学費無料の女学ができて、末の娘の私だけが通わせてもらえる

[1] 2000年頃，寧夏回族自治区の同心県巴泉紀家郷という寒村で，新来の阿訇が着任早々15日目で女学をつくった。そこには村中の老人から若年までの非識字女性たち22人が集まった（王正明・陶紅 2003：115）。

ことになった。それで漢語とアラビア語の識字者となった。学べるだけでどんなに嬉しかったことか。(二〇〇六年インタビュー)

彼女は今、臨夏の前河沿女校のやり手の校長として学校管理に忙しい。一九八六年開学のこの女学は、いまや一六人の教師と約三〇〇人の学生を擁している。彼女は女性にかんするアラビア語の本の翻訳まで出している。

最大の規模をもつ甘粛臨夏外国語学校分校(かつての臨夏中阿女校)では、在校生が七〇〇人をこえ、卒業生は四〇〇〇人を上回っている。それは、改革開放直後に「賢妻良母」を育成して宗教振興にあたらせようと女学をつくった男性設立者の予想や希望をはるかにこえた状況の変化があるからにほかならない。

イスラーム的女性をめざす教学内容

学校中退者に対する補助教育機関という女学の元来の役割は現在、一部の最貧困地域(寧夏の韋州、海原など)を除いてなくなった。いまや女学は初中卒業者以上の学歴をもつものが六四%(二〇〇六、二〇〇七年の筆者による調査)を占める専門教育の場となった。学生には高中入試に失敗したもの、貧困家庭出身者、複雑な家庭出身者、孤児も含まれる。とくに、甘粛の臨夏では、学校の評

▲臨夏中阿女校初期の写真

判を聞きつけて、宣伝もしないのに近隣はいうにおよばず、山東、雲南、新疆、東北など遠方からの入学者も引きもきらず、希望者を断るのに苦労する状況である。臨夏はモスクが二三もある「中国の小メッカ」とも称されるイスラーム信仰の中心地で、そこでの学びの経験が卒業後の尊敬と権威につながるからである。女学では、近所の主婦や老婦人向けのアラビア語学習班も開かれている。多くが夜間クラスである。

教派としては、いわゆるイスラーム主義の系統に属するイフワーン派が圧倒的に多い。しかし、一部の門宦《メンファン》もまた女学をもっている。一般的には、女学は学生の出身家庭がどの教派や門宦に属しているかを問わない。

女学での教育内容はクルアーンを詠むことで、ムハンマドを讃える言葉を覚えてイスラーム的女性の人間形成を最重要課題としている。とくに、神の前での男女平等と男女の生物学的差異と社会的役割の差とを強調し、子孫の永遠の命を担う女性の役割を強調するのは、設立当初からあまり変わらない。また、家庭価値の伝授にかんしてとくに力をいれている。例えば、女学の校庭の黒板にはよく学ぶべきテーマやスローガンが大書されているが、そこには「孝敬は善のなかで最高のもの」「男性は女性に優しくしなさい、男女はお互いに敬愛しなさい」「ムハ

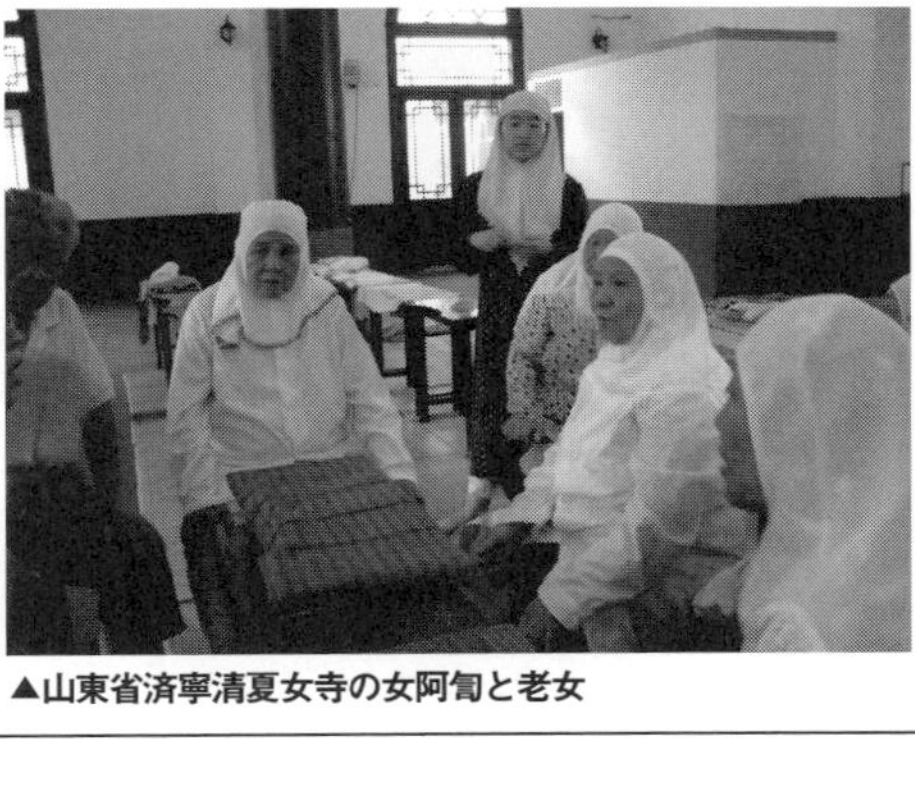

▲山東省済寧清夏女寺の女阿訇と老女

ンマドはおっしゃった、アッラーが許されたもののなかでアッラーが一番お嫌いなのは離婚」などという父母、夫婦、子ども、友人、近所との人間関係のあるべき姿をあらわす言葉も多い。家庭と共同体の平和と融和をはかるこのような教えは、たしかに家族や親戚、共同体のなかの弱者を援助することで、女性が中心となった伝統社会の社会保障を説く。さらには姦通をしたり、清浄でない状態での礼拝などイスラームで禁じられている行為をおこなったり、漢族と結婚すると地獄へ落ちるといわれたり、そのような女性は女学にきてはいけない、といわれたりして一定のムスリマの世論をつくる場所でもある。

民国時代のムスリマ識者が「賢妻良母」教育に気乗りがしなかったのはすでにみたとおりである。しかし、すでに毛沢東主義によるジェンダー平等が現実はともかく公的言説空間を席巻した観のある現代中国では、逆に「賢妻良母」言説はヴェールをかぶる意味とともにイスラーム女学の校長や教師には支持されている。

例えば、つぎのような発言がある。

われわれは、男女は人権、人格と尊厳において平等であり、アッラーからいただく恩恵も同じと考える。……〔イスラームの〕女性解放概念は、女性自身の権利と特有の使命を実現するためのものであり、西欧式の女性解放でない。

▲甘粛省の蘭州西関大寺の老人班

〈西欧式の〉それは「解放」ではなく、奴隷化され権利を踏みにじられることだ。……イスラームは、迷うことなく女性を人類の母とし、人類の魂の設計師としている。が、人類の敵は彼女を展示品やら特売品として、皆に捕獲させるというわけだ。
「女性は家庭のあかり、家庭の指導者、子どもの揺籠、幸福の源泉、美徳の職人」と、かつて預言者はいった。「女性は学校であり、女性を育てれば、優秀美徳の人民も育つ」と、エジプトの現代詩人アフマド・シャウキーもいった。……人類の母の特有の身分をあらわすため、イスラームは女性にヴェールを定めた。これは、文明と進歩の最高の印なのである。女性の敵は、ヴェールのことを「恥を隠すための布」などと嘘をつく。しかし、ヴェールは女性の人格、尊厳、神から与えられた使命の宣言なのだ。何もかぶらない女性、化粧が務めだと思っている女性は、蒙昧思想の犠牲者だ。

中東発のイスラーム言説の強い影響のもとに「賢妻良母」育成を謳っていることがわかろう。ただ、この「賢妻良母」像は学生たちには必ずしも額面通りの理想として受けとられていない。

それは、つぎのような女学卒業者の進路あるいは希望を記すことで充分証明されるであろう。第一に、女学の女教師・女阿訇《アホン》(宗教指導者)、女性伝道者(ムバッリガ)兼女性学者、第二に、アラビア語通訳、第三に、普通の会社員や販売員の仕事[2]、第四に、国外留学であ

2「女学のイスラーム教育は，人間の基本的心構えを教えるので，どんな仕事をしても大丈夫」という言葉は，女学教師から多く聞いた。また，王建新も調査で同じ言葉を聞き取っている(王，新免 2005)。

旱魃で農業が壊滅状態であったりするからと答えた。人間関係が難しいと答えた学生はごく少数にとどまった。

●スカーフをかぶった時期とヴェールの意味

甘粛・青海では73%が女学入学後にスカーフをかぶるようになった。22%の生徒は家の中，外出時，祭礼(イード)時にときどきかぶっていたと答えるのみであった。常用していたと答えたのは4.6%にとどまった。ヴェールの意味についてほぼ100%が「羞体(隠すべき所)を隠すのは主の命令であるから」「女性の尊厳を護る」と回答をした。

●好きな行為，趣味

64.4%の女児が知的で精神的な活動，例えば，読書，クルアーンを詠む，他者に優しくする，イスラームの勉強，をあげた。テレビ，ゲームなどは5.7%にとどまった。

●家族の買ってくれたもので一番高い(「貴」)もの

12元(180円)の洋服が最低価格とすれば，5人の学生はコンピュータ，1人はピアノと答えるなど，ばらつきがでた。18.4%が，自転車が1番高いと答えた。この価格帯の大きな幅は，各家庭の経済状態を反映したものと考えられる。興味深いのは，11.5%の女児が，「貴」の意味を「貴重」と受け取り，ヴェール，クルアーンが家族にもらったうちで1番「貴」なものであると答えたことだ。

●公立学校と女学の違い

公立学校にかんしてはつぎのようなコメントが寄せられた。まずカリキュラムとして，「社会常識，科学性，基本母語を学ぶ，マルキシズム，世俗主義，男女共学，党に従順な国家人材を育てる所」があげられる。しかし，価値観として，「現世の価値，内心の空虚，女性・人間としてどう生きればいいのか教えない」など否定的なものがあげられた。

また，「教師が権威主義的，拘束的，競争至上主義，党の管理が厳しい，女は“禍害”と思われる，注意散漫，ゆるい規律と混乱」などと，権威主義，競争原理，無秩序と家父長制の結びつきに着目して否定的に考えている生徒もいた。家父長制の影響がまだ公立学校から払拭されていないという意見であるが，これは，学級内における男子優先というよりも，上級学校へ進学させる親のインセンティブが男子のほうが強い，ということを意味していると思われる。もちろん，「政府が支持，施設がよい，学歴となり，大学進学の可能性」「ボーイフレンドができる」「科学的知識を含む幅広い知識を教える」と公教育ならではの利点をあげるものもいた。現在在籍する女学にかんしては，カリキュラムが「イスラーム常識，宗教教育・宗教実践，女性のみの教育」としたうえで，価値観として「両世(現世と来世)の価値，魂の平安，礼儀正しい，自立能力・自己統制力，内心の充実，女性の生きる道を教える」と公立学校とはまったく別のものを見出している。

学校自体の姿勢として「教師が親切，生徒を人として尊敬する，闘いは他人とでなく自分の内面とであり，女性たちのあいだのシスターフッドが暖かい，党に管理されず気楽，女性の価値を認める，学習に熱心で規律あり」という肯定的な意見が数多く寄せられた。

その一方で，「政府が歓迎しない，施設が劣り，学歴にならず大学進学は不可能」「スポーツや科学を重視しない」「教える内容が偏っていて狭すぎる」というデメリットを認識する少数者もあった。

もちろん，双方の最大の違いは服装で，公立学校では禁止のヴェールを女学では信仰の証としてかぶることをほとんどの学生が指摘した。一部の女学では漢族の子どもも受け入れているが，その子たちにとって女学は専門性をもつための語学学校としての位置づけである。当然，ヴェールも着用せず，宗教儀礼にも参加しない。

大多数の生徒が女学での生活は楽しいと答え，楽しくないと答えたものは1.5%であった。少数のそれら否定的意見は，閉鎖的な生活を余儀なくされていることへの不満からきている。

●きょうだいの数，きょうだいのイスラーム教育，親の職業

きょうだいは平均3.7人，最大16人であり，男きょうだいでイスラーム教育を受けた，あるいは受ける予定のものは49%，親の職業は農民6割以上(世帯年収1000元以下1人当り月収150元〈2550円〉以下)でそのなかでも出稼ぎが多い。その他，個体戸，運転手，宗教指導者などがいる。一部幹部もいるが0.5%程度である。女学の家庭の平均像としては，3人以上の子だくさんの貧困家庭で，親は半識字者あるいは非識字者の基層階層，生活も安定していない部類に属するということが推測される。

女学の生徒たち　アンケート調査結果

報告者は，13校の女学で2005年，2006年，2007年に無記名のアンケート調査をおこない，393通の有効回答をえた。場所は寧夏，甘粛，青海，雲南である。内訳はA型3校，B型3校，B'型6校，C型1校である(63頁参照)。アンケート項目は以下のとおりである。③，⑨が選択式以外，すべて記述式である。

①年齢
②公立学校在校年数
③だれがこの学校を勧めたか
④通学時間
⑤公立学校と比しての女学の特徴
⑥学習をつづけるうえで困難な点
⑦女学での生活は楽しいか否か，その理由は？
⑦将来の夢
⑧結婚希望年齢
⑨恋愛結婚か見合いか，それとも結婚の希望はないか
⑩理想の結婚相手の条件
⑪いままで行ったことのある遠方の場所
⑫きょうだい数
⑬男きょうだいはイスラーム教育を受けているか否か
⑭ヴェールはいつかぶりはじめたか
⑮家の人が買ってくれたもののなかでもっとも高いものは何か
⑯好きな行為と趣味
⑰行きたい場所(国内では？　外国では？)
⑱実家の仕事

つぎがその結果である。

●年齢と公立学校在学年数

寧夏では年齢は平均17.2歳(最小10，最大27)，甘粛・青海では16.9歳(最小13，最大24)，雲南では平均18.3歳(最小11，最大25)であった。公立在学年数は，平均が寧夏の場合は，最長で13年，最短で0年，平均が5.6年とでた。甘粛.青海はこれが8年と跳ね上がる。雲南では7.34年であった。甘粛では例外的に数人の大卒，大専卒(短大卒)の学生がいた。これは大卒でも仕事が見つからないケースである。女学の学生の平均的学歴は小学校卒業程度から初中卒業程度である。学校によってはまったく通学歴がないか，数年程度しかいったことがない子を受け入れている。

●将来の夢，結婚，移動について

約80%が教師，女阿訇，通訳，伝道師希望であり，学んだことを職業として生かしたいと考えている。専業主婦希望は13校中で1校でのみ見られたが，その学校の回答数のうち，わずか6.8%であった。全体からいえば，専業主婦希望は0.5%，公立学校出身者に大人気の警察希望も0.5%にとどまった。結婚については，あいまいな認識しかもたず，約半数が回答なしであった。回答者のうち，理想の男性像に「イスラーム知識・信仰の深い者」をあげるものが圧倒的に多く，有効回答数の75%以上を占めた。漢族社会では多数を占める「金銭的富裕者」をあげるものは皆無であった。約5%が結婚を希望しなかったが，理由は結婚したら自由がなくなる，面倒，仕事(伝道)で暇がない，理想と現実のギャップは大きい，というものであった。賢妻良母教育がおこなわれている割には，キャリアなしで家庭内にとどまることへの抵抗感が強いことがわかる。やりがいのある仕事への肯定観をほとんどの生徒をもっていることがわかる。移動の距離については省内を出たことのないものがほとんどである一方，女学への入学の旅が一番遠かったと答えるものもA型，B型女学では多い。また，マッカ巡礼や他イスラーム国家への留学希望者も含め70%以上が海外に行きたいと回答し，海外への移動への希求が強いことがうかがえる。

●入学動機，困難な点

両親，家族の希望もさることながら，本人の希望で入学したものは75.1%。父親よりも母親の希望が若干多いのは，一族女性から初めてイスラーム教育を受ける期待感を彼女たちが受けていることを指し示している。女学で困難な点は80%以上がアラビア語学習と答える一方で，数人が漢語が難しい，と答えた。公立学校にほとんど通ったことのない生徒の回答である。また，10%程度は困難な点は経済問題と回答した。親が失業中であったり，

る。留学目的地はパキスタン、イエメン、タイ、アラブ首長国連邦、シリア、エジプトなどイスラーム圏である。一方で、専業主婦希望はほとんどいない。

二〇〇五年ぐらいまでは女学の教師となることを希望し選択するものが多かったが、最近は沿海部の急速な経済発展にそうかたちでアラビア語通訳になるものがふえている(八二・八三頁表参照)。また、仕事についたあと結婚し、夫が阿訇の場合は、仕事をいったん引退して夫とともにアラビア語学習班を主催するケースもある。その場合、彼女は師娘《シーニャン》と呼ばれ、共同体のムスリムから大変な尊敬を受ける。

ヴェールとイスラーム知識のリンケージ

中華民国時代にも中国西北のムスリマたち、とくに農村の女性はヴェール(蓋頭《ガイトウ》。アラビア語ではヒジャーブ)をかぶっていた。現在でも農村の中高年のムスリマたちは地域やエスニシティ、年齢によって形も色もさまざまなヴェールをかぶる。その形状にはすっぽりと頭と首をおおう頭巾状のもの、スカーフを巻いたもの、日本でいえば給食帽のような形の既婚者がかぶる帽子などがある。色も白、黒、濃い緑、薄い青、薄いピンクなどで、材質も質感もさまざまである。彼女たちのほとんどは非識字者か半識字者で宗教教育も受けていなかったので、ヴェールについてクルアーンにどのような記述があるかを確認することなく、漢族と区別されるムスリマのシンボル、慣習の一部として身につけていた。

とくに若い中国ムスリマが意図的に美しく清潔なヴェールとともに体の線を隠す、ゆったりとした長いコートという服装（いわゆるイスラーム服）を着用しはじめたのは一九八〇年代以降のこととなる（再ヴェール化）。これは、女性にかんするイスラームの主張が広くクルアーンやハディース、さらには中東の思想家の主張、さらには少数のマッカ巡礼者によって紹介されたことと関連している。

もちろん再ヴェール化は八〇年代以降、イランやエジプト、トルコ、マレーシアなどイスラーム圏でも共時的に起こっていることでもある。エジプトでは、ヴェールをかぶる当人は、それがよりイスラーム的行為と確信しており、周囲からも「宗教熱心な人」というまなざしを受けることを予期していると大塚和夫は指摘するが、現代中国の若いムスリマについても同様のことがいえよう。

中国でヴェールの着用が必要と主張する人びとは、他のイスラーム地域においてと同じように、クルアーンやハディースにその根拠をおいている。それはクルアーンのつぎの一節である。

◀ヴェールをかぶった民国時代のムスリマ

それから女の信仰者にもいっておやり、慎みぶかく目をさげて、陰部は大事に守っておき、外部《おもて》に出ている部分はしかたがないが、そのほかの美しいところは人に見せぬよう。胸には蔽いをかぶせるよう。（スーラ　二四―三一）

これ、預言者、お前の妻たちにも、娘たちにも、また一般信徒の女たちにも、（人前に出る時は）必ず長衣で（頭から足まで）すっぽり体を包みこんで行くよう申しつけよ。（スーラ　三三―五九）

どこが美しいところであるのか、どこを隠すべきなのか、ということにかんしては、さまざまな議論があるので、ここでは深く立ち入らない。しかし、自覚的ヴェール着用で宗教的人間となった女性たちは、慣習として「いい加減に」ヴェールや帽子をかぶっている女性に対して「自覚的でない」と厳しいまなざしを向ける。

中東から新しく導入され、いまさかんに学ばれているイスラームの男女についての解釈は、「男女双方とも神によって創造されたという点では平等である。しかし、生来の生理学的・精神的違い（性差）ゆえに、男女それぞれに与えられる権利、義務は異なる」というものである。中西珠枝はつぎのように説明する。イスラームの人権は神の創造物としての人間存在に依拠している。人間の主権行使権は神に対する義務とともに生まれるので、神が創造した男女の肉体的・生理学的差異（性《セックス》）は不可

▲色とりどりのヴェールをかぶった女学のムスリマ

侵の領域となる。男女の性差が、男女の社会的役割を決める。この社会的役割はイスラーム的正義、すなわち社会的公正さや道徳・倫理とも関連する。また、女性のヴェールはイスラーム社会の基盤である家族を維持するためにもっとも重要な貞操の象徴として読みかえられる。

教育権、婚姻自主権、治産売買権、社会的労働権などの点における「男女平等」は担保したうえで、イスラームの両性相補的な性格を強調し、男女の(生理的・心理的)差異、男女隔離、「母性」と家庭を重視する解釈が、よりイスラーム的であるとして中国ムスリム社会でもてはやされるようになったといえよう。[3]

男女を隔離し、女性は家に、という考え方は伝統社会でも存在したのだが、それに付け加えて現代中国イスラーム界でさかんに主張されているのは、「伝道師」として女性はその役割と使命を家庭内教師と女学教師に見出せ、という新解釈だ。争いと醜さに満ちた世の中を「世直し」する主体者として女性が再発見され、ムスリマたちもヴェールを主体的にかぶることによってその解釈を受け入れた。

新しくイスラームを学んだムスリマにとって、ヴェールは自らのアイデンティティと信仰の正しさにかかわる問題である。さらに宗教が周縁化された現代中国社会では、宗教にかんする選択は究極の自己決定に属することである。ある女学の副校長は「宗教上の規定

3　八木久美子が指摘するように，女性の社会的労働権にかんして「優秀な女性の社会進出は妨げない」とはよくいわれるが，「能力ある男性が家事労働に積極的に参加する」という言説はまずない。ここでいうイスラームの性別役割分担は能力や特性による区分でなく，男女の優劣を定める区分であることは明らかである(八木 2007：67)。

としてのヴェールがある。もし宗教に参加したければヴェール、したくなければヴェールをかぶらなければよい」とすっきりと回答している。そして、「今まで手にしたもののなかで一番尊いのは母が手渡してくれたヴェール。ヴェールはイスラームの教えのなかで真実の生活を送るための方向を与えてくれた」といった女学学生のコメントは、ヴェールをかぶるという行為をつうじて女性が大きく自己変容をとげた証左と読めるだろう。

現に、筆者の調査でも四分の三の学生は女学入学後（公立学校ではほぼ禁止）ヴェールを着用しはじめたと回答した。中国イスラームの別名は「清真」であるが、「清真」を身体化し可視化することで、かつての汚濁・混乱から清潔・敬虔へという魂の変容を実体験している。ヴェールをかぶってみると家族や近所の人の見る目が違う、その格好から敬虔になった、よい人格となったと思われる、とも彼女たちは回答する。ともあれ、ヴェールはムスリマとして生まれたことの誇りの象徴なのだ。

再解釈されたイスラーム主義

このような女性言説、ヴェール言説の根源はどのへんにあるのだろうか。臨夏中阿女校（現臨夏外国語学校分校）の馬秀蘭校長が自身の学校の教材として翻訳したアルバニアのイスラーム法学者、ワッハービー・スライマーン（威海卒・蘇莱曼）の『穆斯林婦女』[4]にはつ

[4] この『穆斯林婦女』が翻訳された背景には，おそらく，アルバニアがかつて中国と友好国であり，なおかつムスリムがマイノリティである社会主義国であったことが大きいであろう。さらには，過激な破壊活動をともなった文化大革命終息後，何が本当のイスラームなのかが理解できない混沌とした時代に，現代アラビア語で書かれた「イスラーム女性はかくあるべし」と記した本がアラビア語を自発的学習によって習得した馬秀蘭にとっては魅力的であったことも理由の一つであろう。

ぎのような記述がみえる。

子育てにかんしては、「女性と男性とは心理が違い、女性のほうが情感豊かで子どもを育てるのに適している」。戦いについては「女性は男性ほど勇敢でない」「戦争は男性の義務」。宗教指導者になる資格については、「アッラーの証人になれるのは男性のみ」。男性の権利としては「（生殖能力のある）健康な女性を娶る権利が男性にある」「妻は夫の尊厳を守るべし」。家庭の女性の義務は「妻は家事を取り仕切る」「姑に従順であれ」「外に仕事にでるときは父か夫の許可が必要」。社会的労働にかんしては、女性が「外で働くと子どもの養育、家庭管理がおろそかになり、家庭が壊れる」「外での仕事は男性でも代替できるが、家庭での仕事は代替がきかない」「外で働く女性は天性を喪失する」「女性の仕事量は男性よりも少なく、創造する社会的価値も少ない」「男性が女性を養うのは人類の自然法則」などと主張する。

以上のように、男女の生理的差異を根拠に、イスラームの名を借りた男性優位主義と権力の独占、とくに、社会的労働参画にかんしての拒否感とミソジニー（女性憎悪）が全面的に押し出されている。似非《えせ》科学としかいえないような説明にもとづいて、女性が「感情的」で「非生産的」で「男の性欲を掻き立てる

◀『穆斯林婦女』

存在」であるから実質上は男性よりも劣位にあり、だから家庭のなかの役割に限定すべきであるというジェンダー言説をイスラームそのものの本質のように説明している。また、これほどあからさまではないにしろ、「夫に服従することは妻の義務、夫がベッドに誘ったら必ず妻はつき従わなければならない」や「夫の許可なく外出することは禁止」という記述がある近代的解説書も翻訳されている。[5]

以上のイスラーム主義者の女性にかかわる言説がすべて真実で守るべき理想であると、女学の女性たちがみな信じているかといえば、そうでもない。先述の女学の副校長が「中国はアラブ、中東とは違う。中東が理想的なところではないことはわかっている。ただ、思想の交流は必要だと思う」と述べるように、また、マリア・ジャショックや水鏡君がすでに一九九五〜九六年の調査でも聞き取っているように、中東の厳格な女性隔離と男性の社会的活動における優先という解釈は、中国の現実にはそぐわないことは広く理解されている。男女とも外で働くのが現在では当然視されているからである。むしろ外来解釈の都合のよい箇所だけを選択して、中国のイスラームの改良と発展に生かそうとしているといってもいいだろう。

中国は社会主義国家体制を保持しつつも、急激に市場経済の論理が猛威をふるい、格差が拡大しつつある。この矛盾の固まりのような社会のなか、漢族中心の文化のなかのマイ

5　この本は臨夏前河沿女校の校長馬春香が翻訳したもので，私家版。ただし，もとの本は *Rulings Pertaining to Muslim Women*(Darussalam)2002として英訳され，イスラーム主義者のあいだではかなり広く読まれている。ペルシア語からは，イランの近代思想家ムタッハリーの『イスラームと女性』も訳され，男女の精神的差が生来のものであるゆえに社会的にも男女の別がなければならない，と説かれる。

ノリティ回族で、世俗主義に対するムスリムで、回族の男性中心文化のなかの女性であるという二重三重に周縁化された状況に彼女たちは身をおきつつサバイバルしなければならない。厳格なイスラーム主義に準拠すれば党に危険視され政治に介入されるし、「夫の許可をえて外出せよ」などというイスラーム主義者の主張に対しては、毛沢東主義的男女平等に慣れた女性たち自身も違和感があろう。何よりも今は外で働かないと生活できない。

さらには、グローバル・レベルでのイスラーム的正義感の醸成も指摘しておくべきであろう。二〇〇五年に、ある女学で生徒たちとパレスチナ問題、イラク戦争のことが話題になったとき、彼女たちのイスラエルとアメリカに対する怒りは頂点に達していた。しかし、中国政府はイスラエル、アメリカとも強い結びつきをもっているという事実を想起しなければならない。言論の自由が充分に保障されていない中国において、政府批判にも結びつきかねない考えを彼女たちはもちはじめている。弱者に思いを馳せ、弱者がこうむっている不公正に対していきどおる正義感をもつこと、倫理的でありつづけようと努力する人間を育てることはまさに人間教育の真髄である。彼女たちが中国社会の最底辺出身であることを思えば、そしてほんの一世代前まで世界で起こっていることにかんして無関心で、したがって他地域のムスリムがこうむる不公正にも無知であったことを思えば、女学での学びが彼女たちにおおいなる能動性を与えていることが理解できる。

女性のエージェンシー

精神性を重んじる宗教行為は、女性の社会的地位を変えていくこともできる。イスラームの女性教育はムスリム社会のなかに色濃く残っている家父長制の残滓《ざんし》を取り除く役割も担っていると考えるからである。彼女の礼拝の仕方、謙虚な態度、クルアーンとハディースの知識などで、母、祖母、姑、義理の祖母などはムスリマの「正統的」役割と使命を知る。その知識を学ぶことによって、かつて非識字で自分自身を卑下していた年長女性は、母としての立場を利用して家庭や宗族のなかでの立場を強め、自信をつけることができる。たとえ他家に嫁したとしても、夫や子どもにイスラーム知識を伝えるとともに、彼女は家の周辺でアラビア語学習班を主宰し伝道師としてイスラーム教義と倫理を教えることができる。学習の環が広がることで、「無知」だった女性たちはアッラーがこの世になぜ自らを遣わしたのか、すなわち自らの存在意義を知るようになり、その結果、男性中心の家父長制的イスラーム文化とは異なるもう一つの女性中心のイスラーム文化をつくることができる。女学の卒業生はムスリム共同体(ジャマーアト)を再生させるための精神的な柱ともなる。そして、それは堅牢ともみえた家父長制的なイスラームの屋台骨を静かに巧妙にゆさぶることになるのだ。

つぎの文章はある女学の十八歳の学生の手になる、死の床についた九十歳の曾祖父とのエピソードを記したものである。彼女の曾祖父は典型的「男尊女卑」の人間で、娘たちを学校にやらなかった。この作文を書いた女性は初中を経済的理由で中退したが、女学でイスラームを学ぶ機会をえた。いまわの際に曾祖父は彼女につぎのように言った。

　今までの女性は無知だったが、アッラーが私たち家族を愛してくださったお陰で家から女阿訇《アホン》がでる。すばらしいことだ。おまえは女の親族にイスラーム知識を授けてくれる。よく学んで暗黒のなかにいる祖母、伯母、姉たちを助け、暗黒から光明に向かうように手助けするように。また親族以外にも大きく門戸を広げて教えるように。

彼女はつづける。「おじいさんは臨終の前に願いと希望を私に託した」と。[6] 女性の学ぶ姿勢と態度は根深い陋習《ろうしゅう》をも融解し解体するという事例であろう。

　ここに、規範的信仰に自ら服従することによって自立的になる、というサバ・マフムードがカイロの女性モスク運動のなかで見出した女性たちの能動性と同様のものを認めることができる。マフムードはエージェンシーという概念をこの現象を説明するのに使っている。マフムードはエージェンシーを「歴史的につくられた服従関係を生かして、新しく別のものにつくり変える能力」と定義する。あるいは「伝統文化や超越的な意志に抗って自らの利害について認識する能力」でもあるとする。カイロの女性モスク運動に従事するムスリマは、イスラーム的倫理と道徳に服従することによって従順な主体になろうと努力し

6 洪崗《ホンガン》子《ズ》中阿女校は教育事業に熱心であった先代のフフィーヤ派教主(ムルシド)洪維宗によって設立された。現在の教主は洪洋である。彼はコンピュータ教育にも力をいれ，情報を発信している。この作文はそのホームページに掲載されたものである(http：//blog.sina.com.cn/zhonganvxiao)。

ている。日々の礼拝や慎み深い態度・礼儀作法を積み重ね実践することによって、自己を高めようとしているのだ。この文脈において、エージェンシーは「女性の人間性や地位を高めてくれるであろう言説を進んで受け入れること」とも再解釈できるであろう。インドのマドラサの女性もまたイスラーム的態度の訓練と実践によって、イスラームの本質を理解し、慎み深くも敬虔な自己を磨き、自らの社会的地位を高めようとしているという研究もある。

中国のムスリマもまたイスラーム的倫理や精神主義を利用し、自信回復や自立に利用しようとしている。そこには男性中心の厳罰主義的イスラーム法(シャリーア)による支配を積極的に受け入れるという意図はない。

一九九九年に私がはじめて寧夏回族自治区の韋州鎮のある女学を訪問したとき、ヴェールをかぶった七〜八歳の女児に将来の夢について尋ねた。「スチュワーデス、医者」などという言葉を期待していたのに、彼女の回答は「アッラーの命令を守り、よい人間になりたい」であった。もちろん、スチュワーデスも医者も見たこともない田舎だから、という解釈や、農婦になるしか選択肢がない極貧状態にあるから、という解釈もあろう。しかし、突然の外国人の出現にもひるまずよどみなく答えるその子に、「教育の目的とはすぐれた人格をつくること」という宗教教育の真髄をみたような気がした。

それは一〇年たった今でも変わらない。女学の礼拝室では、ムスリマたちはみな一斉に礼拝をおこなう。この地域で女性の集団礼拝は少なくとも三〇年前までは皆無であった。その行為はいうまでもなく歴史的に劣位におかれてきた女性の地位を反転しようとする連帯意識を形成する。また、女学の教室の後ろの壁には、生徒たちの手書きの作文や絵が展示してある。ある十三歳の生徒の作文にはこうあった。「よい心をもち、よい言葉を話し、自分を律して生きること。よき人間になるために努力を惜しまないこと。誠意ある言葉に相手は感じいる。謙虚であれば他人に信用される。沈思黙考し他人の悪口を決して言わないこと[7]」。

公立学校で党のスローガンを繰り返したり軍事教練に参加したり過剰な競争に身をおいたりするかわりに、彼女たちは礼拝し、クルアーン、ハディースや古今東西の諺や賢人たちの言葉をアラビア語と中国語で書き写し、皆で唱和し、脳裏に刻んでいく。彼女たちの「識字」とは、「よき人間、よきムスリマ」になるための手段である。実践と学習によって体得したイスラーム知識をもったものは、その精神性と倫理性の高さからいって漢族や不信心者の他の回族とは一線を画すると彼女たちは信じている。それは権力者が何をおこなおうが、差別を受けようが「何があっても動じない」という芯の強さを育成する。さらには、「敬虔な女性は男性に勝るとも劣らない」というハディースにもとづき、現状の不平

7　銀川アラビア語学校におけるある生徒の作文(2006)。

等な社会的ジェンダー秩序を男性よりも信仰深いことによって変えようとしている。

女学の女性たちは、さらなる解放と発展をめざすエージェンシーを発揮しているということだ。それは、女性の家庭内秩序や国内の社会的秩序への服従を当然視する「賢妻良母」や「愛国愛教」といった言説をたくみに利用してのことである。そして、この文脈では、「女性の解放」は、非識字からの解放、自信のなさからの解放、そして倫理や公正さを知らないことからの解放をも意味している。「女であること」は男性に奉仕し従属する二級の性としておとしめられることではなく、神から女性だけに命じられた「世直し」のために与えられた特徴という読み替えをしている。彼女たちは女性の再生産機能という、女性の社会進出を従来阻害してきた生理的根拠を逆手にとって、女性の社会的自立と発言力を深めているといえよう。

生徒数五〇人程度のある非認可の女学の校長は、教師の給料も出せないぐらい経営的に苦しい、非認可だから政府の干渉も恐ろしい、とこぼしながらも熱心に教育に携わっている。その理由を問うとつぎのように答えた。

あなた(筆者のこと)が信じるかどうかはわからないが、私の考えでは女性がイスラームを理解すると、男性のあいだの教派・門宦《メンファン》間の対立・争いをやわらげることができる。女性を教育することが一番よい。男性を教育するときは一代限りだが、女性教育は後代に影響をおよぼすからだ。子ども、孫へとつづく。女性が教師になるのが一番だ。一人の女性は民族と国家をも救うことができる。……教育は、女性が自分のために博士号をとってよい仕事(一般的な自己実現)を見つけるためでなく、社会をどうよくするか、ということにかかっている。

現代中国では、博士号取得がブームである。修士、博士と上をめざそう、学問によって社会的地位の上昇をめざそうとする大学生の比率は日本の比ではない。教育に手とお金をかけられる都市の一人っ子の場合が往々にしてそうなのだが、右の発言はこの一般的な傾向を批判する。一般にいう自己実現とは結局自己中心主義なのではないかと。自己中心主義は激しい競争を生み、大量の「負け組」をつくり、社会を嫉妬と猜疑心に満ちた混沌におとしいれると。それよりは、劣等感を転じて道徳的に正しい女性を育て、汚濁に満ちたこの世を永遠に変えるシステムをつくる道が教育なのではないかと。

中国の女学の女性たちは、西欧フェミニスト(中国では毛沢東主義的ジェンダー平等論者が類似のもの)にも手厳しい。それは、西欧フェミニストが主張するジェンダー差別の解消が仮に成し遂げられても、グローバリゼーションによって強化された資本主義市場経済システムのなかでは結果的に女性はたんなる労働力に還元され、女性の被抑圧、商品化が強まるという観点に立っているからである。だから、女学の女性たちは工場労働者やレストランの従業員となることを選択しない。卒業後実際につくのは教師、女阿訇や通訳である。

また、大学進学が可能となれば、ヴェールを一時的に脱いでも大学へ行くという選択肢をとるものまでいる。例えば、先に述べた女学の副校長に会おうと翌年再訪すると、もうここにはいないといわれた。省で一番の重点大学に進学したという。大学ではヴェール禁止でないか、と私が問うと、「ヴェールを脱ぐのは一時的な方便。イスラームを心のなかでしっかり信仰していればいいのだから」とまわりの女性教師たちは口々に答えた。

大学に進学した元副校長はまだ二〇代前半。話し方からずば抜けて聡明な人だということがわかった。彼女が大学を卒業して政策決定の場に身をおいたら、今のような中国イスラームの政治的・社会的に不安定な地位は是正されるかもしれない。それを期待してまわりのムスリマたちは聡明な彼女を大学に送り出したのだろう。彼女たちは力をつけるためにはあらゆる戦略をとるのである。女学の出身者はそういう意味で融通無碍《ゆうづうむげ》に、権力や世俗主義と交渉しつつ人生行路を選択していく。

彼女たちの活動は伝統主義的な性別役割分担も、また毛沢東主義や西欧フェミニズムの男女平等も反転させ、また、女性を二級市民にとどめおこうとする厳格なイスラーム主義の女性言説をも留保をする。一方で中国の社会主義的権威主義体制はイスラームを絶えず周縁化しようとしていることも知っている彼女たちは、主流の体制にひそかに抗ってよりイスラーム的であろうとする。家庭価値と再生産を大事にしながらも、家庭外でも自己実現をはかり、コミュニティの尊敬を獲得しようというという彼女たちの模索は、彼女たちに厳しい時間管理と賃労働・家庭内労働をしいながらも、今のところ高い満足度を保障している。

これを私は「中国のイスラーム・フェミニズム」と呼ぶことにする。イラン出身の学者ミール＝ホセイニーはフェミニズムを「女性が家や社会でジェンダーのために差別されている自覚、生活を向上させ状況を変えるための行動」と定義する。イスラーム世界ではさまざまなかたちでフェミニズムが胎動しているが、中国の女学のムスリマたちが考え、行動しているのは、まさにこのフェミニズムの見地に立っている。女学は、ムスリム社会のなかでも階層的弱者が多く集まる場所ではあるが、しかし、彼女たちが教師、女阿訇、通訳への道をイスラーム学習体験によって選択することで、もう一つの価値観──男並みでないジェンダー平等、女性を無知のままにとどめおいた抑圧的家父長制への批判、激烈な競争への批判と中庸の勧め、謙虚さと神への感謝──を伝える責任者となる。そのことで、自分たちは人として尊重されるに値する価値があると主張をしているのだ。

中国では高中（日本の高校にあたる）の学費は寧夏でも毎学期少なくとも七〇〇元かかる。一方、B、C型女学はまだまだ授業料は低廉か無料である。これも女学の魅力の一つだ。

また学力不足も女学進学の理由だ。なにも彼女たちの能力や努力が不足ということではなく、両親が非識字・半識字で「文化資本」がなく学校の宿題を聞いてもわからない、家には勉強机もない、家事・農作業の手伝いで多忙ということから積み重なったものだろう。だから、条件が許せば公立学校にふたたび戻り、大学にまで行きたいとも思っている（実際は不可能に近いが可能性はゼロではない）。現在、都会で通訳として働く女学卒業生でも、将来子どもができたら大学にやりたい、と考えているものは九〇％以上だ。しかし、初中卒業の十五歳時点で進路を決めなければならないのが現実だ。そして、目の前にある限られた選択肢のなかでは、女学が最良と納得せざるをえないのだ。

非正規のC型女学に通う十六歳の学生はつぎのように書いている。

> 公立学校と女学ではどちらでも将来の夢を実現でき、どちらにも喜びがある。でも、女学で大学の夢を実現するのは難しい。中国の子どもは（経済的に）苦しいのだ。以前の学校では私は優秀生徒で、人もうらやむ志望校に合格したが、引きつづく経済問題のため、心から愛する美しい言葉を綴る世界をあきらめなければならなかった。でも、

このように女学で私も知識をえて人としての道理を学ぶことになった。人が目標を立ててそれをめざすとき、いろいろな困難にあうけれども、私はカモメのように波濤をこえていかなければならない。私は将来通訳になるか海外留学をしたい。

この文章を書いた子は三人きょうだい。母がいないが、優秀生徒らしく「一家の誇りとなることが夢」と書いている。

現代化は女性たちに母たちの世代とは違う方向性を与えた。母・祖母の世代は非識字・半識字で家のなかで家事、掃除、農業に従事し、家長に従属するのみであったが、現代の回族女性たちは本を読み、作文を書き、ときにはコンピュータをあやつる。中国以外のイスラーム地域での再ヴェール化と同じ現象である。「世俗的な学び」を公立学校で身につけた後に、彼女たちは自尊を「女学での再度の学び」によって確立しようとしている。

女学は近代的ムスリマの生き方を探求する女性だけの場である。そこは他者を愛することを知ることができる安心で単一的な共同体で、精神的「汚染」や「腐敗」とは無縁の場と想定されているのだ。このような倫理的・精神的教育をする学校に娘をやると、両親は娘の将来の結婚相手は間違いない回族男性であることを予想できるし、女性たちもそれを望む。[8] よい縁談を受け、婚家で尊敬され大事にあつかわれ、また実家の両親も娘にイスラーム知識を学ばせたということで婚家の人びとから尊ばれる。

8　最近は，回族社会一般に漢族との恋愛結婚がふえている。北京や南京など歴史的に回族が大きな役割をはたしてきた都市においても，正確な統計はないものの半数以上が漢族と結婚している。回族の親にとってこれは家族やエスニシティ，宗教の伝統のみならずコミュニティの存続とも関連する一大事である。また，学歴が高くなればなるほど族外婚がふえる。1999年の銀川市における調査では，中卒・高卒以上の学歴では35.3%が，工場労働者では40%が族外婚である。一方，農民や小卒では10%以下しかない。学歴が高く都市にでればでるほど族外婚がふえるということがわかる。

よい縁談だけではない。外部からなかば遮断された環境のなかでアラビア語漬けの艱難辛苦の学校生活が終われば、教師や通訳といった仕事に実際につくことができる。教師になれば共同体の人びとの篤い尊敬をえることができ、通訳になれば経済的自立が可能だ。寧夏出身のある女学卒業生は広州で通訳をしているが、月収三〇〇〇元のうち一〇〇〇元を親に送金していた。貧困にあえぐ農村の家族にとって一〇〇〇元はまさに乾天に慈雨で、生活には充分すぎるほどの金額だ。彼女たちはこれで両親の苦労に報いている。親はその一部をモスクに寄付する。親に楽をさせられる、努力は報われるという伝聞が津波のように後輩学生たちに伝わり、通訳志望者の列は長くなる。[9]

将来のキャリアの青写真を女学では描くことができる。その夢がかなったとき大きな自信となり、仕事は自己実現の場ともなるのだ。その場合、収入の少ない女学教師(月額三〇〇～五〇〇元)でも、収入の多い通訳(二五〇〇～三五〇〇元。ちなみに広州の名門校中山大学卒でも初任給一八〇〇元ぐらい)でも構わないということになる。[10]

このように、弱者が自ら職業選択をおこない、家庭やコミュニティで地位向上をはたし、経済問題を解消し、体制から精神的に自由であろうとする機会や、場所や人間関係をもつことは、湯浅誠のいう貧困・窮乏から身を守り、人間の潜在能力を拡大するための「溜め」の拡大といえるだろう(湯浅誠『反貧困』)。

9 山東省済寧清真女寺の非識字の60代のムスリマはつぎのように語った。「女阿訇が来てくれて，皆ここでイスラームを学んで本当にうれしい。孫娘が女学で勉強してくれたら最高にいいと思う。そういう娘や嫁がいる家はすごくまわりから尊敬される」(2006年8月済寧清真女寺におけるインタビュー)。

10 もちろん，教師の給料の安さは一つのネックで，理想は高くても教師では暮らせないとして沿海部にでて通訳をするものもいる(2008年12月インタビュー)。

これらのことを可能にしているのが、中国の経済発展による交通網の整備による移動の自由の拡大であったり、IT技術での情報入手であったりする(図2参照)。

広州や義烏《イウ》のアラビア語通訳や商社マン/ウーマンの収入の一部はイスラーム共同体(ジャマーアト)にサダカやザカートというかたちで還元されているが、都会暮らしの彼ら/彼女らの日常生活は質素そのものである。通訳たちは「ムスリムは死後天国で会うから汚いことはできない、信頼は裏切らない」と断言しつつ誠心誠意仕事に打ち込む。その点で、宗教と経済活動は矛盾せず、また厳しい市場経済の汚い面からも自由であると考えている。

さらには、中国はイスラーム国家ではなく、したがってイスラーム法は適用されていないこともムスリマたちの活動を有利にしている。女性はジェンダー平等を定める民法によって保護されている。だからこそ、倫理的なイスラーム観にのみ着目し、喜んで従うことができるのだ。もしもサウジアラビアやマレーシアのいくつかの州で施行されているような女性にとって不利なイスラーム家族法と刑法が自らに適用されるとすれば、彼女たちは強く抗議をすることであろう。その意味では、男並みジェンダー平等とイスラーム的

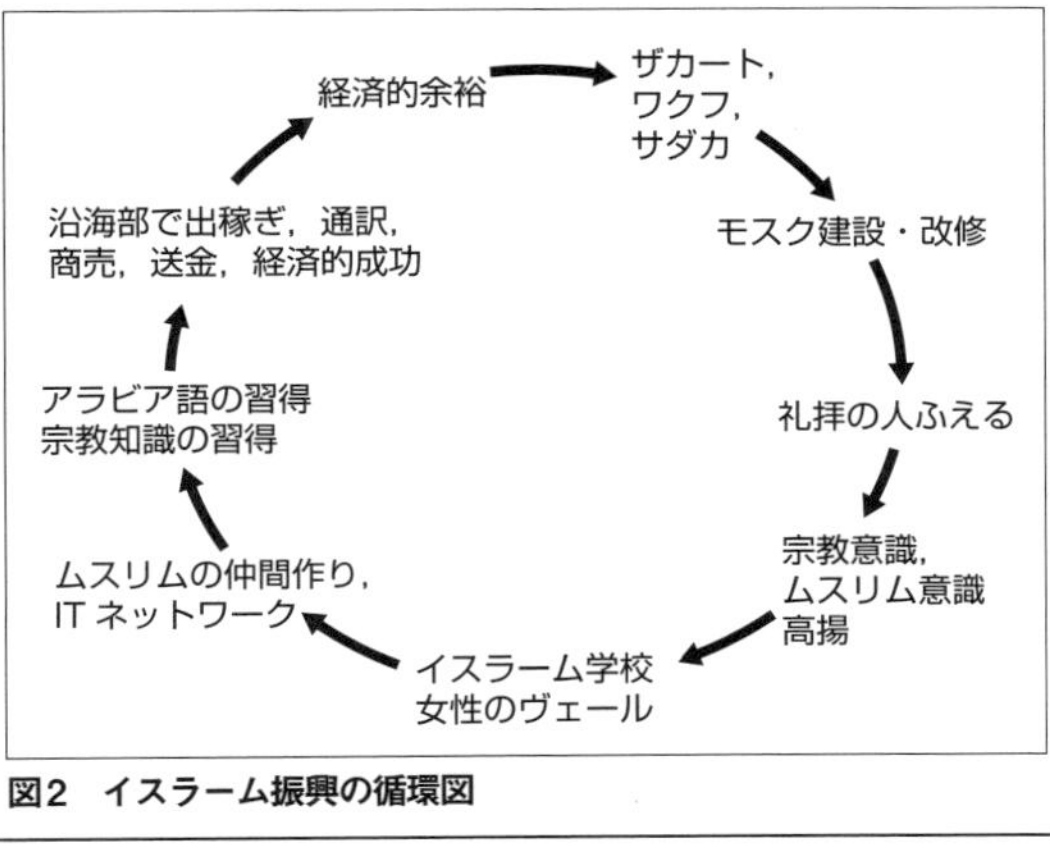

図2　イスラーム振興の循環図

本質主義的ジェンダー平等双方の利点をも戦略的に取捨選択している。

女学のような場のことをセーフティーネット(安全網)というのではないだろうか。貧困女性の宗教教育の場であり職業教育の場であり、心に傷をかかえた弱者のコミュニケーションの場であり、人的ネットワークを形成する場であり、女性の連帯意識形成の場となり、女性に困難を乗りこえる力、自信を与える「溜め」を提供する場。ムスリマたちは伝統社会で女性を二級市民とした再生産能力を重んずるイスラームの「賢妻良母」言説を逆手に利用し、同時に権力側が提示する「宗教自由、民族平等、男女平等」の原則を再利用しつつ交渉によって自信を回復し、力をつけているということがいえる。

女学——その脆弱さと周縁性

このように、女学はムスリマに新しい人生の価値を与える場所ではあるが、構造的に問題点をかかえている。

まず、女学はA型の精鋭型(六三頁表参照)以外は学歴にならない。大学への進学は国内では難しい。したがって、彼女たちが将来政府の公式機関で働くことはおそらくないだろう。[11]また、回族でも幹部はもちろん高学歴のエリート層は急速に世俗化しており、両者間の乖離は今後深刻になっていくであろう。彼女たちのアラビア語能力は驚くべき高い水準

11 ごく少数の男性が北京，瀋陽や銀川など各地にある政府管轄の宗教学校「イスラーム教経学院」でイスラームを学んだ後に阿訇の資格をもったまま党の幹部となる(2007年12月義烏でのインタビュー)。これは少数民族幹部登用を促進する政策の一部である。2000年代に入って各地の「イスラーム教経学院」にも女性の入学が可能になったので理論的には女性の宗教幹部たちも生まれていることになるが，絶対数は少ない。女学出身女性がフォーマルセクターで働く機会が少ないことは，2008年11月に筆者が発表したマレーシアでのイスラーム地域研究シンポジウムでもマレーシア側から質問がでた。

にあるが、外国語能力といえば英語が想定されている中国の公的領域でアラビア語能力が評価されることは少ない。

また、政府との緊張関係も指摘すべきであろう。今のところ、政府の宗教自由と民族平等の原則があるし、さらには中国外にいる一三億人をこえるムスリムの存在に配慮したイスラーム保護政策があるのであからさまな弾圧はあまり考えられない。しかし原則として世俗主義にもとづきナショナリズムを発動して国民統合をはたし、富強国家を建設したい政府としては、国家よりも上位の価値を見出そうとする宗教学校は、いかに「愛国愛教」を教えるよう指導したとしても目障りな存在ともいえよう。マイノリティ独自の教育活動はいつでも政府の検閲と弾圧の対象となりうる脆弱性をもっている。[12]

さらに指摘すべきは、教育を受けるための方便としてムスリマたちが受け入れた「賢妻良母」言説によって将来家庭にはいることは当然と期待されることの危うさであろう。娘時代は通訳や教師として勤めにでても、結婚後は家で「賢妻良母」という義務をはたし、貞操の性規範を守り、舅姑に対する「孝養」をつくすという伝統的行動規範を遵守することが期待される。ここでは女性の役割が家やイスラーム共同体のアイデンティティを再構築し、家長の「名誉」を保つ役割をはたす。家庭に対する責任は個人の自由に優先するということを女学で学んだ女性が、回族同士の縁談で理想の嫁とされるのはこのためである。

[12] 民族学校への政府の干渉の事例は何も中国だけにあるのではない。日本でも在日朝鮮人が戦後つくった朝鮮学校に対して公的な弾圧や私的な嫌がらせが繰り返されてきた。2010年初めには政府民主党は高校学費無償化政策に朝鮮高校が除外されると発表し、論議をよんだ。

さらには可視化されたヴェールとゆるやかなイスラーム服は彼女たちの意図がどうであれ、それと対をなすイメージとしてのイスラームの「男」を創出していく。ムスリム男性は「イスラームの教え」のとおり、彼女たちの保護者として支配するだけの力をもつべきだし、その権利を与えられているのだと考える。彼女たちは結局、「ムスリマ」として家庭でイスラームの「伝統」を守るべき存在として地位・役割が規定され、家父長制の存続に意図せざるところで手を貸す可能性は大である。彼女たちはイスラーム知識で自己実現をはかることができると信じているのだが、結局、市場経済化という政治経済現象によってもたらされた伝統的倫理と価値観の崩壊に際して、「世直し」する主体として規定しなおされる。彼女たちは近代的なイスラームのポリティクスに掠め取られているともいえる。近代イスラームの女性解釈はグローバリゼーションと西欧化への抵抗のかたちをとっているだけに、なかなかこのもつれた糸をほぐすのは難しい[13]。

結局、女学の学生たちは「賢妻良母」言説が自分たちを家庭にとどめおき、実質的に二義的な存在にするための男性たちの策略であると気付いているからこそ、少数ながらも「結婚はしたくない、自分のやりたい伝道や教師ができなくなる」と答えるものがでてくるのであろう（八三頁アンケート参照）。

13 世俗主義を国是としてきたトルコにおいてもグローバリゼーションが進むとともに貧富の格差が拡大して懸命に働いても豊かになれない人びとがふえている。このような状況のなかで物質的な恩恵にあずかれない人びとがイスラーム化し「世直し」をおこなっていこうとイスラーム復興運動がさかんになっている（内藤 2002：131−137）。

イスラーム・フェミニズムの実験

本書では中国の民族・宗教政策、公教育の実際とイスラームの現状を概観したうえで、新たにイスラームに覚醒したムスリマがどのような現代を生きているのかについてみてきた。例として中国西北のイスラーム女学校(女学)で学ぶ女性たちを取り上げた。

日中戦争、国共内戦、社会主義建設、反右派闘争、文化大革命、改革開放と市場経済化とこの七〇数年間、中国は激しく変化してきた。ムスリマたちも非識字、イスラームに対する無知の状態から、今は学校に通い、大学で学び、職業をもち、社会的地位をえることができるようになった。しかし、大学が草の根の人びとにとってまだ高嶺の花である以上、学びたい、人に誇れる仕事をしたい、貧困という窮状を打開したい、という希望をもつムスリマは行き場をなくす。そのような人びとのために、女学が存在する。

西北の女学は一九八〇年代以降、公立学校に行けない失学女児の補助教育機関として誕生した。文革期の宗教の徹底的破壊の波が過ぎ去ったあとのことであった。女学の設立目的は、イスラーム知識と漢語の読み書きを子どもたちに教えることであった。現在は政府の世俗主義にもとづく義務教育の整備が達成され、こ

◀**広州で働く女性アラビア語通訳たち**　すべて女学出身者。左から3人目は新保敦子氏(早稲田大学)，4人目は筆者。

のような補助教育機関としての役割は終えたかのようにみえた。しかし、女学は生き残り、それどころか数をふやしている。

現在の女学は九年間の義務教育修了者や義務教育中退者まで受け入れている。学生たちは将来、世俗的エリートにはまずなれない。女学は周縁化されたムスリマのためのセーフティーネットであり、職業訓練校でもあり、アイデンティティを確認する場所でもある。そこで彼女たちは思いもよらないジェンダー観を与えられる。それは無条件に厳しい競争を勝ち抜くように貧困女性を駆り立てる公的男並みジェンダー平等を否定する。この「新しい」ジェンダー観はアッラーの教えを家庭で次世代に伝えるべく「賢妻良母」になることを教える。この新解釈により、ムスリマたちは自らの女性という属性はアッラーの思し召しであることを知る。女性であるために家族から邪魔者あつかいされ、進学の機会を奪われてきた女性たちは、はじめて女性であるという自らの特性を誇るべきことと理解し、自分が生きる価値がある人間であると納得するのだ。この現代的イスラーム解釈にもとづいた女性の「解放」のための理論はムスリマたちの新たな行動様式であり道徳律となっている。

さらには、彼女たちがアラビア語というアッラーの言葉をマスターすることで、宗教的共同体のなかでの地位が上昇するのと同時に、教師や通訳といった社会的に尊敬されたり高い給与を与えられたりする仕事に従事することができる。

このような本質主義にもとづくジェンダー観は母性や女性性に価値を見出すのだが、ムスリマたちにとってこれらはその弱い社会的地位を問い直し改革するための最後の道具となる。彼女たちはあえて男性への服従をよしとし、家のなかの妻と母の役割を重視するイスラームの体系のなかにとどまる。とどまることによって女性への差別を解消し、同時に男女平等が保障された中国国内の法秩序のなかで経済力をつけ、発言力をつけ、家父長制と社会主義的無神論の原則を当然視する風潮に抵抗していくのだ。

それはやはりフェミニズムの一つの形といえるだろう。そのフェミニズムはたしかに西欧式あるいは毛沢東主義的フェミニズムとは異なる。しかし、女学のムスリマたちは、長いあいだ非識字・半識字におかれて自らの価値をも認めることができなかった母・祖母・曾祖母の世代の声なき声を聞いている。だからこそ、ムスリマたちの学ぶことへの情熱は強い。イスラームに篤い信仰心をもつこと、そして宗教的にも実利的にも役立つアラビア語の知識は、ムスリマたちに自信を取り戻させ、自尊の念を与える。本質的属性である「性」を逆手にとって、差別を解消し、今世と来世でのよりよき生を求める女性弱者たちの姿がここにある。そして、これこそが世俗主義と市場経済、グローバリゼーションの狭間でムスリマたちが交渉しつつ生きる道である。

参考文献

〈日本語文献〉

井筒俊彦訳『コーラン』上・中・下（岩波文庫）岩波書店　一九五七年

上野千鶴子・李小江「国家の中から国家を越えて」『現代思想』二〇〇四年六月

上野千鶴子『生き延びるための思想――ジェンダー平等の罠』岩波書店　二〇〇七年

王建新「西北地方の回族――経済発展をめぐる民族と宗教の行方」佐々木信彰編『現代中国の民族と経済』世界思想社　二〇〇一年

王建新・新免康「中国ムスリムの女性教育――一九八〇年代以降の状況を中心に」加藤博編『イスラームの性と文化』（イスラーム地域研究叢書6）東京大学出版会　二〇〇五年

大塚和夫『異文化としてのイスラーム――社会人類学的視点から』同文舘出版　一九八九年

加藤博編『イスラームの性と文化』東京大学出版会　二〇〇五年

格力楽「中国民族教育における教育自治権について」西村幸次郎編『中国少数民族の自治と慣習法』成文堂　二〇〇七年

加納実紀代編『新編日本のフェミニズム10　女性史・ジェンダー史』岩波書店　二〇〇九年

川橋範子・黒木雅子『混在するめぐみ――ポストコロニアル時代の宗教とフェミニズム』人文書院　二〇〇四年

小杉泰『イスラーム世界』（21世紀の世界政治）筑摩書房　一九九八年

新保敦子「中国寧夏におけるイスラーム女子学校に関する一考察」『早稲田大学教育総合研究所公募研究B―11部会　識字に関

する総合的研究』二〇〇六年
ズィーバー・ミール＝ホセイニー（山岸智子監訳、中西久枝ほか訳）『イスラームとジェンダー――現代イランの宗教論争』明石書店　二〇〇四年
ジョーン・W・スコット（荻野美穂訳）『ジェンダーと歴史学（増補新版）』（平凡社ライブラリー）平凡社　二〇〇四年
伊達聖伸「フランスのヴェール問題」田中雅一・川橋範子編『ジェンダーで学ぶ宗教学』世界思想社　二〇〇七年
張承志『回教から見た中国――民族・宗教・国家』中央公論社　一九九三年
常田夕美子「個的体験の共同性・単独性・歴史性――東インド・オリッサにおける初潮儀礼をめぐって」田中雅一・松田素二編『ミクロ人類学の実践――エイジェンシー／ネットワーク／身体』社会思想社　二〇〇六年
内藤正典『なぜ、イスラームと衝突するのか――この戦争をしてはならなかった』明石書店　二〇〇二年
中西久枝『イスラームとモダニティ――現代イランの諸相』風媒社　二〇〇二年
中山紀子『イスラームの性と俗――トルコ農村女性の民族誌』アカデミア出版会　一九九九年
松本ますみ「中国西北におけるイスラーム復興と女子教育――臨夏中阿女学と韋州中阿女学を例として」『敬和学園大学研究紀要』第一〇号　二〇〇一年
松本ますみ「中国のイスラーム新文化運動」小杉泰・小松久男編『現代イスラーム思想と政治運動』（イスラーム地域研究叢書2）』東京大学出版会　二〇〇三年
馬燕・ピエール・アスキ（山本和子訳）『私は勉強したい――中国少女マー・イェンの日記』幻冬社　二〇〇三年
馬萍「解放軍による沙甸の大量殺戮」宋永毅編（松田州二訳）『毛沢東の文革大虐殺』原書房　二〇〇六年

村山宏『中国内陸発――底辺からみた「中華世界」の真実』日本経済新聞社　一九九九年
八木久美子「イスラーム」田中雅一・川橋範子編『ジェンダーで学ぶ宗教学』世界思想社　二〇〇七年
湯浅誠『反貧困――「すべり台社会」からの脱出』岩波書店　二〇〇八年
楊海英『モンゴルとイスラーム的中国』風響社　二〇〇七年
楊海英「ジェノサイドへの序曲――内モンゴルと文化大革命」『文化人類学』七三巻三号　二〇〇八年
ライラ・アハメド（林正雄ほか訳）『イスラームにおける女性とジェンダー――近代論争の歴史的根源』法政大学出版会　二〇〇〇年

〈中国語文献〉

陳姃湲『従東亜看近代中国婦女教育――知識份子対「賢妻良妻」的改造』台北、稲郷出版社　二〇〇五年
馬強「婦女教育与文化自覚――臨夏中阿女校個案調研」『中国穆斯林』一号　二〇〇三年
威海卒・蘇萊曼（海迪澤・馬秀蘭訳）『穆斯林婦女』臨夏、内部発行　一九九五年
王正明・陶紅『厚土――西海固的回回們』銀川、寧夏人民出版社　二〇〇三年
秦恵彬編『中国伊斯蘭教基礎知識』北京、宗教文化出版社　二〇〇五年
丁国勇編『寧夏回族』銀川、寧夏人民出版社　一九九三年
国家宗教局政策法規司編『中国宗教法規政策読本』北京、宗教文化出版社　二〇〇〇年
劉偉・黒富礼編『固原回族』銀川、寧夏人民出版社　二〇〇〇年
駱桂花『甘青寧回族女性伝統社会文化変遷研究』北京、民族出版社　二〇〇七年

馬蘭『西部忠魂』香港、銀河出版社　二〇〇一年
馬平・頼存理『中国穆斯林居民文化』銀川、寧夏人民出版社　一九九五年
馬平「当前我国伊斯蘭教的問題以及若干思考」金澤・邱永輝『中国宗教報告（二〇〇八）』北京、社会科学文献出版社　二〇〇八年
水鏡君、瑪利亜・雅紹克『中国清真女寺史』北京、生活・読書・新知　三聯書店　二〇〇二年
陶江・白潔・任薇娜『回族服飾文化』銀川、寧夏人民出版社　二〇〇三年
楊文炯『互動調適与重構』北京、民族出版社　二〇〇七年
中国社会科学院民族研究所編『同心県　回族巻』（中国少数民族現状与発展調査研究叢書）北京、民族出版社　一九九九年
中国伊斯蘭教協会「新「臥爾茲」及其宣講的芸術」中国伊斯蘭教協会編、陳広元主編『新時期阿訇実用手冊』北京、東方出版社　二〇〇五年

〈英語文献〉

Jaschok, Maria and Shui Jingjun., *The History of Women's Mosques in Chinese Islam*, Richmond: Curzon Press, 2000.
Mahmood, Saba., *Politics of Piety*, Princeton: Princeton University Press, 2005.
Wadud, Amina., *Inside the Gender Jihad; Women's Reform in Islam*, Oxford: Oneworld, 2006.
Winkelmann, Mareike Jule, *From Behind the Curtain; A Study of a Girls' Madrasa in India*, Amsterdam: Amsterdam University Press, 2005.

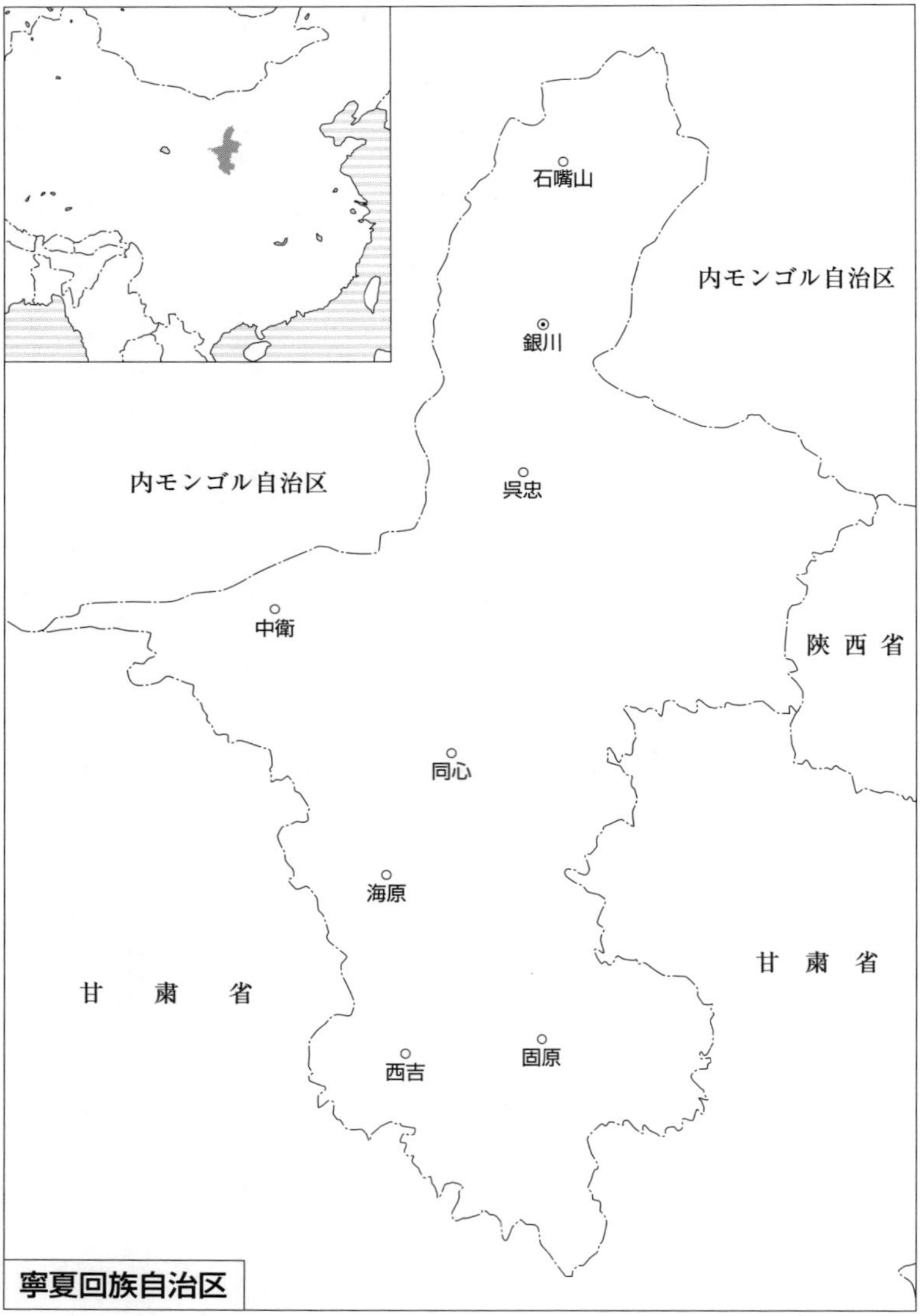
石嘴山
内モンゴル自治区
銀川
内モンゴル自治区
呉忠
中衛
陝西省
同心
海原
甘粛省
甘粛省
西吉
固原
寧夏回族自治区

図版出典一覧

『中国甘粛臨夏中阿女校』（学校紹介パンフレット）2002 *78*

Harvard University, Pickens Collection *85*

その他の写真は著者撮影ないし著者提供

松本ますみ（まつもと ますみ）

1957年生まれ。

早稲田大学第一文学部東洋史専攻卒業。

国際大学国際関係学研究科修了，新潟大学現代社会文化研究科修了，博士（学術）。

専攻，中国近現代史，中国の国民統合，中国のイスラーム。

現在，敬和学園大学人文学部教授。

主要著書・論文：『中国民族政策の研究』（多賀出版1999），“Rationalizing Patriotism among Muslim Chinese; The Impact of the Middle East on the *Yuehua* Journal”，in Stéphane A. Dodoignon，Komatsu Hisao and Kosugi Yasushi, eds.，*Intellctuals in the Modern Islamic World; Transmission，Transformation，Communication*（London: Routledge，2006），「近代雲南ムスリムのイスラームと変容するアイデンティティ」塚田誠之編『中国国境地域の移動と交流――近現代中国の南と北』（有志舎2010）

イスラームを知る7

イスラームへの回帰《かいき》 中国《ちゅうごく》のムスリマたち

2010年5月20日　1版1刷印刷
2010年5月30日　1版1刷発行

著者：松本《まつもと》ますみ

監修：NIHU（人間文化研究機構）プログラム
イスラーム地域研究

発行者：野澤伸平

発行所：株式会社 山川出版社

〒101-0047　東京都千代田区内神田１-13-13
電話　03-3293-8131（営業）8134（編集）
http://www.yamakawa.co.jp/
振替 00120-9-43993

印刷所：株式会社 プロスト

製本所：株式会社 手塚製本所

装幀者：菊地信義

 ISBN978-4-634-47467-3